悪用厳禁

ズルい心理学

監修 渋谷昌三

日本文芸社

誰もが知らず知らずのうちに人の心を操っている!?

皆さんは「人の心を操る」という行為を、詐欺師や悪徳セールスマンなど、悪い人だけの専売特許と思いこんでいませんか。ところが、私たちは知らず知らずのうちに日常生活のなかでごく普通に接しているのです。

たとえば、憂《うれ》いを含んだ悲しそうな目つきの女性がいるとします。心配した彼氏が理由を聞いても、最初は口を閉ざしています。くり返したずねると、彼女は父親から「結婚はまだか」と催促されており、相手がいないのなら「見合いをさせる」といわれたことを打ち明けます。

あせった彼氏は、追い立てられるように結婚を決意します。

彼氏を動かしたのは、元はといえば彼女の悲しそうな目です。ところが実際は、なかなか結婚に煮えきらない彼氏に決意させようと巧妙な芝居をうったとしたらどうでしょう。彼女が男性の心を動かす方法を感覚的に知っていたかどうかは別にして、このようなテクニックは心理学を学んでいればたやすく手に入れられるものです。

心理学は「目に見える行動」とそこから推測される「心の動き」を研究する学問です。人の体や行動を見れば、そこに隠された心理を推測できます。

ある意味、心理学を学んでおけば、コッソリとほかの人の心を覗き見て、自分だけがうまく立ちふるまうという「ズルい」使い方もできるのです。

この世はつねに正義が勝つとは限りません。実際、世の中をしたたかに渡っていくバイタリティは、ズルい生き方をする人に備わっているものです。

ズルいながらも他人からも嫌われない行動学を、ぜひこの本から学び取ってください。

渋谷　昌三

悪用厳禁

ズルい心理学

contents

chapter 1

心の奥底まで見透かすズルい会話術

chapter 2

相手の行動をまんまと操る腹黒テク

chapter 3

「しぐさ」に秘められたサインを見逃すな！

chapter 4

「見た目」でワカる相手の深層心理

chapter 5

ズルい相手に対抗する必殺のカウンター攻撃

ズルさ度検定

あなたの世渡り上手度を診断!

chapter 1

心の奥底まで見透かす ズルい会話術

口グセに隠れた本音がわかれば相手はたやすく取りこめる

KEY WORD
口グセが意味すること

仕事ができないヤツの口グセ

職場などで、**「あー、忙しい」**といいながら走りまわっている人を時々見かけます。ところが、よくよく観察してみると、実は段取りや要領が悪いだけというケースが多々あります。**時間**

内に仕事を片づける能力が乏しいため、勝手にバタバタしているるだけで、「忙しい」「時間がない」というのは仕事が遅い人の逃げ口上なのです。その言葉を発することで**「忙しい人は仕事ができる」ことをアピール**しようとしており、実際には時間管理能力がないことを自分で証明しているだけです。

こういう人には、たとえ忙しく働いていそうなイメージでも、実際に段取りが悪いのでおちおち仕事を頼めません。けっして「仕事ができるヤツ」と評価されることもないでしょう。

もし自分が該当していたら、改善策をお教えしましょう。「忙しい」という代わりに行動をはじめるのです。また「時間がない」

ではなく「時間をつくろう」と意識するだけで、それがパワーボキャブラリー※となり、口グセも仕事も改善できます。

次にとりあげるのは、**「○○みたいな」「なんか○○で」**。

一時期テレビなどでも多用されて耳についた口グセです。この言葉の裏側には、**話をあいまいに濁そうとする意図**が隠れています。ひんぱんに使う人は**自己主張が苦手で、争いをさけ、相手にあわせるタイプ**です。つねに**逃げ道を用意している腹黒人間**でもあります。自分をいい人に見せて多くの人を味方につけても、自分にとって一番利益になる人がはっきりするとほかの人を平気で裏切ることもあります。こういう人に「みたいなって

※パワーボキャブラリー
悪い口グセをよい口グセに変化させるポジティブな言葉を表す。人生の可能性をせばめるような言葉を、可能性を広げられるように置き換える言葉をいう。

何？」と問いつめると萎縮してしまいます。聞き流すか「こういうことかな？」などと方向性を示してあげるのがよいでしょう。

すぐムキになる「だから」人間

「だから」が口グセの人は、自分のいいたいことを伝えたいという自己主張が強い傾向にあります。この言葉は、自分の発言に続けて「だから、これでいいのです」と**自分の主張を強める言葉**です。また、相手の言い分に対して「だから（私が）いったじゃない」ということもあります。**理屈っぽく、自分が一番正しい**と思いがちで、それをほかの人にも認めてほしいと考えています。よくいえば**リーダータイプ**。悪くいえば、上から目線の**自己陶酔《とうすい》型人間**であり、※**自己顕示欲**の強さもうかがえます。

ちょっと癪《しゃく》にさわるこういう人は、「なるほど。あなたのいう通りです」と主張を認めてあげると満足します。「ちょっと違うのでは」などと反論しようものなら、すぐムキになって相手を論破《ろんぱ》してやろうと必死になります。この口グセは、男性が女性に使うと疎《うと》まれることもあります。女性が気持ちよく話をしているのに、「だから、○○ということなんでしょ」などと話に割って入ろうとすると「私の話がつまらないから切り上げようとしているんだ…」と思われることもあります。

自己顕示欲
自分の存在を周囲の人々や社会に対してアピールしたいという欲求。よくいえば、目立ちたがり屋だが、悪い意味で使われる場合が多い。「自己主張」よりも、欲求が明確。

ログセには人の本心が見え隠れしているものです。上手に見極めて、相手の心をつかんだり、自分の印象アップに活用してみましょう。

ネガティブログセに注意！
あー忙しい
時間管理能力がゼロな人
○○○
みたいな
逃げ道を用意している腹黒い人
だから、
○○○○
いつも自分が正しいと思っている人

chapter 1 lecture 02

「ここだけの話」を使うヤツに秘密をもらすのは危険

KEY WORD

内緒話には裏がある

自分に「注目を集めたい」という心理

ある人から耳打ちするように「ここだけの話だけど…」と話しかけられたとします。

お酒の席やご近所さんとの井戸端会議、職場でのふとした機会に、相手はあなたに顔を近づけて小声で話しはじめます。そう前置きされると、どうしても好奇心がそそられ、思わず身を乗り出してしまうものです。

「ここだけの話」という言葉のなかには**「自分の話に興味をもってほしい」「自分の存在に注目してほしい」**という深層心理が働いています。**無責任な自己顕示欲が強い**といってもいいかもしれません。普段はおとなしい性格で、周囲からもあまり注目されていない人が、自分をもっと認めてもらいたいがためにそんな言葉を使うことも多いものです。

もちろん、**単に仲良くなりたい**という思いで、あなたから信頼を得るために、秘密の話を教えてくれたと解釈することもできるでしょう。あるいは、**味方に取りこむため**に、ひとつの秘密を投げかけ、守れるかどうかで、自分に対する忠誠心を試そうとしているケースも考えられます。

「ここだけの話」は性質上、他人の知らないことを自分だけが知っているという**優越感**※も味わえます。話し手にとっては、相手から「えっ！そんなことまで知っているの」と驚かれるのが何よりの快感なのです。また、思わせぶりに話してくれた内容が、実は多くの人が知っている話だったときなどは、自分と仲良くなってほしいという欲求が強いと考えられます。

優越感
Superiority Complexの和訳で「優越コンプレックス」ともいわれる。自分が他人より優れていると思い、実際以上に高い自己評価を持つこと。その裏側には、劣等感を隠すための心理的防衛機制が働いている。

うっかりもらせば信用はガタ落ち

ところで「ここだけの話」には、**ここだけの話でとどまらない**というケースが往々にしてあります。話しはじめた本人が自分の味方をたくさん得たいがために、別の人にも話していることが多いからです。

実際にそんな話をされて、せっかく自分自身に対して口止めしていたのに、ほかの人から「いや、ここだけの話だけどね」とまったく同じ内容の話を聞かされた経験をお持ちの方は意外と多いのではないでしょうか。そんなときは、「なんだ、全然ここだけの話ではなかったんだ」と幻滅を感じるものです。

反対に「ここだけの話」のお礼として、あなたからもその相手に**「自分だけが知っている秘密の話」をうっかりもらしてしまったら**結果はどうなるか、容易に想像できるというものです。

たとえば、大切な友人から打ち明けられた秘密などが、その人を通して広まってしまうということも考えられます。信頼して話してくれた友人は失望し、あなたの信用はガタ落ちするでしょう。挙句の果てには、ふたりの友情は崩壊し、大切な友人を失ってしまうかもしれません。

「ここだけの話」を多用する人には、くれぐれも気をつけたいものです。もし距離を置きたいならば、**「私は口が軽い性格だから、とても秘密を守れませんよ」と予防線を張っておく**のもいいでしょう。

秘密話を打ち明けられたら

ここだけの話だけどね
仲良くなりたい
注目されたい
味方につけたい
相手との関係によって２通りの対処法
相手と距離を置きたい場合
口が軽いからうっかりバラすかもしれないよ
相手と良い関係でいたい場合
信用してくれているんだ! 絶対もらさないぞ

chapter 1 lecture 03

「人たらし」になるために使いわけたい説得術

KEY WORD

勝つための説得方法

相手をよく見て説得にかかれ

ビジネスの商談をはじめ、恋愛相手を口説くときや親にお金の無心をするときなど、人に何かを依頼する際には相手を**説得**しなければなりません。

人を説得するまでの具体的なプロセスや働きかけは**説得的コミュニケーション**[※]と呼ばれ、**一面提示**と**両面提示**に分けられます。一面提示とは、**プラス面だけを相手に知らせる方法**で、両面提示は**プラスとマイナスの両面を相手に伝える方法**です。

セールスでの活用例をあげましょう。一面提示は、売りたい相手に商品知識がなく、面倒を嫌う相手などに有効です。よい面だけを説明するだけで、「買ってみようかな」という気持ちを後押しします。両面提示は、疑り深い人やある程度商品知識をもつ人に対して効果的です。このタイプは悪い面もきちんと受け止め、納得したうえで購入を検討することができます。

説得的コミュニケーション
意図的なメッセージにより、受け手の行動や意見を特定の方向に変えさせることを狙ったコミュニケーションのこと。

もちろん、恋愛にも応用できます。「僕は君のすべてが好きだ」といわれるのが好きな人もいれば、「こんなところが玉にキズだけど、そこがまた君の魅力なんだ」と両面提示されることで、グッとくる人もいます。これはやはりさまざまな経験を積みながら、ケースや相手によって使いわけたいものです。

「説明」が先か「結論」が先か

交渉などの席で、説得上手なベテラン営業マンの話しぶりを目のあたりにして、うらやましく思った経験をおもちの方もいることでしょう。**自分の意見を認めさせるのがうまい人は、場**

の空気を読むのも上手です。**観察力と注意力に優れ、相手の心理やその場の状況を読むことに長《た》けている**のです。

彼らは話をしている相手や置かれた状況を考慮して、それにあわせて話し方や話題を自在に変えることができます。そして、特に2パターンの話し方を巧みに使いわけます。

ひとつは、先に説明をしてから、最後に結論を述べる**クライマックス法**※。もうひとつは、まず最初に結論を述べて、あとから説明をつける**アンチ・クライマックス法**です。**相手が話に興味がありそうなときはクライマックス法で、相手に聞く準備ができていないときは、アンチ・クライマックス法で話すのが効**

※**クライマックス法とアンチ・クライマックス法**
心理学における説得方法で話の組み立て方のこと。まずあたりさわりのない話をした後、重要な話をするのがクライマックス法。最初に重要な話をして、あとからあたりさわりのない話をするのがアンチ・クライマックス法。

果的です。また、クライマックス法で話しかけてくる相手はクライマックス法で話を返されることを、アンチ・クライマックス法で話してくる相手なら、アンチ・クライマックス法で返されることを好むとされています。

新商品のレトルトカレーのプレゼンを例にあげましょう。

「加熱時間を従来の3分から、1分に短縮」「具はすべて国産の野菜」と説明をつけてから、最後に「すべてにこだわりぬいた画期的なレトルトカレーなのです」とアピールするのがクライマックス法の進め方です。

最初に「これからご紹介するのは、すべてにこだわりぬいた

相手に応じて使いわけ！
クライマックス法
粘り強い
面倒くさがり
形式にこだわる
相手
クライマックス法で話す
○○○は
○○でして・・・・
そして結論ですが
・・・・
アンチ・クライマックス法
疑い深い
聞く準備ができていない
合理的
相手
アンチ・クライマックス法で話す
結論からいいますと・・・・

いまだかつてないレトルトカレーです」と宣言したあとに具体的な説明に入るのがアンチクライマックス法のやり方です。

交渉上手を目指すなら、これらの説得術を身につけましょう。

chapter 1
lecture 04

相手をうまく手なずけるためのカンタン&意外な心理テク

KEY WORD
会話で使える心理ツール

名前を呼ばれると親しみがわく

たとえば、合コンの席。はじめて会った異性と良好な関係づくりを期待して会話にのぞむものです。ところが、勇気をふりしぼって話しかけたものの会話ははずまず、相手の態度もどこかよそよそしい。そんなときに役立てたい会話術があります。

「ねえ、キミ」と話しかけるのではなく、「こういう話なんだけど、おもしろいと思わない、○○さん」などと、**会話のなかに相手の名前をさりげなく入れてあげる**ことです。

人づきあいが苦手な人にとって、初対面の相手といきなり親しく会話を交わすのは難しいものです。ところが、現実にはビジネスの席などで、相手に好印象を残し、上手にコミュニケーションをとることで交渉をつつがなく進めなければならないときがあります。

例をあげましょう。商談前の世間話のなかで、周辺の昼食スポットという話題が出たとします。そんなときは相手に「ランチがおいしい店を教えてください」と聞くより、「○○さんのおすすめの店はどこですか」と聞くほうが印象に残ります。

また会話の際は、**タイミングのよいうなずき**や**あいづち**を活用すると、相手に好印象を与えられます。自分の話した内容に興味を示し、**同調**の証拠であるあいづちを返されるのは誰もがうれしく感じるものです。さらに、**ふたりの共通点を探す**ように心がけ、趣味や出身地など共通の話題が見つかれば親密度は、より深くなります。これは**共通点が多ければ多いほど関係は安定する**という**心理学者ハイダーのバランス理論**※で証明されています。

バランス理論
人はつねにバランスのとれた人間関係を求めるという理論。相手に好意を抱いているときには、相手が好きなものを好きになり、嫌いなものを嫌う。相手に

頼みごとをすれば人に好かれる!?

意外な話かもしれませんが、**より親密になりたいと思った相手には「頼みごと」をする**のが近道です。**「頼みごとをされると、人はその相手に好意を抱く」**ことを**心理学者のジェッカーとランディ**が実験で証明しています。

その実験とは、問題に正解すると報酬をもらえるという名目で参加を募り、終了後、ある被験者には「研究の資金繰りが苦しいので獲得したお金を返してほしい」とお願いし、別の被験者には返金を求めないというものでした。実験後、被験者に対

嫌悪感を抱いているときには、相手が好きなものを嫌い、嫌いなものを好む。その関係にバランスが崩れていると感じたときは自分の見方を変えたり、行動を変えたりする傾向にある。

して、実験をおこなった人物への好感度調査を実施したところ、返金に応じた被験者は、返金を求められなかった被験者よりも「実験者に対して好意を抱く」という結果が出ました。

人は**自分の行動に矛盾があるとその矛盾を解消しようと試みます（※認知的不協和）**。この実験では、本来、被験者は損をするような「返金」などしたくないはずです。しかし、片や依頼を聞き入れてあげたいという心情があり、それを優先させる際、心理的不安定な状態を嫌い、**「私が返金するのは、実験者に好意を抱いたからだ」**と無意識のうちに自分を納得させたのです。

好かれたい相手がいたら、まずは小さな頼みごとをしてみま

認知的不協和
アメリカの心理学者レオン・フェスティンガーが提唱した社会心理学用語。人は自分の信念や普段の行動と矛盾する新しい事実を突きつけられると不快に感じ、自分の信念か新しい事実かのどちらかを否定して、矛盾を解消しようとする。

しょう。とはいえ突然、意中の人に「結婚してください」と大きな頼みごとをしては逆効果です。多少、抵抗を感じるような、相手が引き受けやすいくらいのものが理想的です。

もっと相手に入りこめ！
○○○なんだけど・・・・○○さんはどう思う？
うん、うん、それから？
そうなんだ？知らなかった～
そういえば、○○さんにちょっとお願いがあるんだけど・・・・
うん、うん
そうそう、それ面白いよね
なんだか好印象・・・・

chapter 1
lecture 05

自分にズルい言い訳をすると人生はネガティブに陥る

KEY WORD

やめたほうがよい言い訳

「みんながやっている」という幻想

自分の幼少時代を思い返してみると、親や教師などに向かって**「みんながやってるから」**という言葉をちょっとした悪事の言い訳にしたおぼえがあるのではないでしょうか。

「周りがやっているから自分もやっていい」というのは**自分の行動に対する責任をほかの誰かに転嫁しているだけ**です。協調性や同一性を第一に考える日本人らしい言い訳かもしれません。たとえ、はっきり誰といわなくても不特定の誰かがやっているという言葉に安心してしまうのです。このような心理は**同調性**※と呼ばれます。

これはセールスマンがよく使う手口でもあります。「○○さんのような中高年の皆さんがよく使っています」「ご利用された方は皆、素晴らしいといってくださいますよ」などという口車に乗せられ、「じゃあ、私も」といらないものまで買わされてまてし

同調性
周囲に同調する傾向をいう。行列を見ると並びたくなったり、有名人が通うお店などに行きたくなったりする心理。

まうのです。自分自身の下した判断ではなく、周囲の行動に影響されて判断させるやり口は**社会的証明**※というテクニックです。女性はとくに影響を受けやすく、ダイエットブームや健康食品ブームなど、すぐに流行に乗ってしまうのには「みんながやっているから」という心理が働いている可能性があります。

もし周囲にあやしげな商法や投資話などにのめりこんでいる友人や知り合いなどがいたら、**「みんながやっているというけど、そのみんなって誰？」**と聞いてみましょう。きちんとした返答は得られないはずです。「みんな」という実体のない幻想に惑わされているだけとぜひ理解させてあげたいものです。

社会的証明
人と同じ行動は社会的に証明された行動であり、それと反対の行動をするよりも間違いをおかすことが少ないはずと考える判断基準。

自分への自信のなさの表出

学生時代、試験直前になると**「全然勉強してないんだ」**という会話が友人同士でよく交わされたものです。そういって実際に低い点数を取っても「勉強してないからしかたない」ですませられ、いい点を取ったら「勉強しなくてもできるんだ」と自分の価値を高めることができる、一見うまい言い訳です。

ある課題に対して、その結果の評価をあいまいにするために、あえて**ハンディキャップ（障害）**を自ら設定するなどの行為は※**セルフ・ハンディキャッピング**と呼ばれます。

セルフ・ハンディキャッピング
失敗が見こまれるとき、自分の技量や能力ではなく、体調や経験不足などの外的要因によるものと前もって予防線を張る行為。自信のない自分を合理化するための「伏線」。

自分にとって自信がもてないことをしようとするときに、人はこのような予防線を張るものです。ところが実社会では、気が弱く、やる気のない人というレッテルが貼られるおそれがあります。恋愛に関しても、「仕事が忙しくて恋愛するヒマがない」、あるいは「今は恋愛よりも仕事が大事」という人がいますが、どこか言い訳がましい印象は否めません。

これを克服するためには、まず**自分の心の動きをよく観察**することです。**自己防衛反応**のひとつなので、自分は何をおそれ、何から身を守ろうとしているのかを見つめ直してみましょう。不安の元が把握できれば、意外と開き直れるものです。

そして、言い訳を前置きしなくても行動できるようになれば、たとえ失敗しても、それを糧《かて》として乗り越えられた成功体験を重ねることで本当の自信を得ることができるのです。

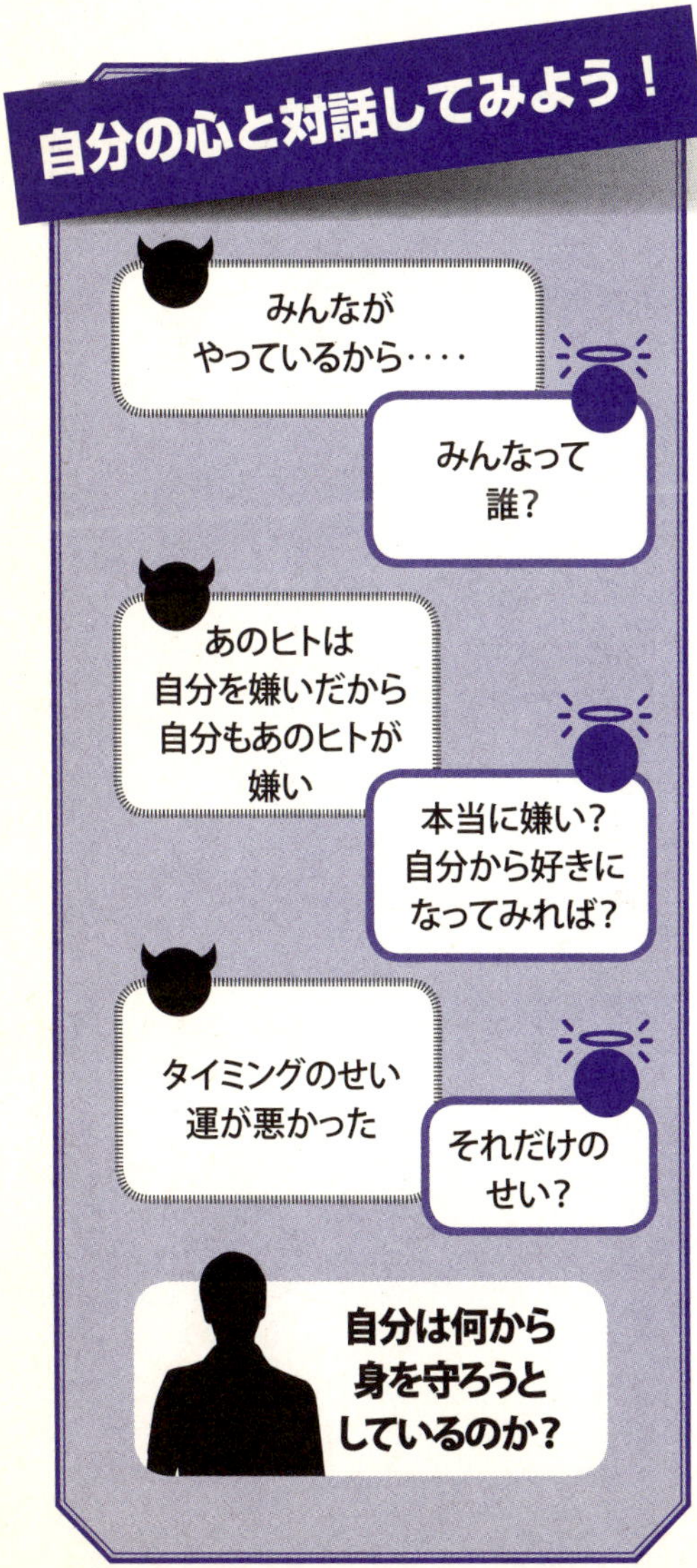
自分の心と対話してみよう！
みんながやっているから・・・・
みんなって誰？
あのヒトは自分を嫌いだから自分もあのヒトが嫌い
本当に嫌い？自分から好きになってみれば？
タイミングのせい運が悪かった
それだけのせい？
自分は何から身を守ろうとしているのか？

「貸し」はイザというときの貯金のようなもの

解説

人に「貸し」をつくったら、簡単に返してもらわず、自分にとって重要な局面で恩返しをしてもらうべき。せっかくのお宝をささいなことで費やしてしまったら何も残らない。

活用例

イザというときがいつ来るかわかりません。しかし、普段からいろいろな人に「貸し」をつくっておけば、後々の安心を保証してくれるはずです。

chapter 2

相手の行動をまんまと操る腹黒テク

交渉をうまく運びたければ自分の「ホーム」で丸めこめ

KEY WORD

ホームグラウンドで戦え

実力を存分に発揮できる場

さて問題です。あるグループに属するあなたはほかのグループの実力者をこちら側に引きこみたいと考えています。その際、相手を説得するのに適した場所はどこでしょう？

①どちらもはじめての店
②あなたの行きつけの店
③相手の選んだ店

答えはおわかりですか。正解は、②の「あなたの行きつけの店」となります。

サッカーの試合などで、よく「ホーム」と「アウェイ」というフレーズが聞かれます。国内外を問わず、試合をする際に自チームの本拠地にあるサッカー場がホームで、相手チームの本拠地はアウェイと呼ばれます。一般的には、**地元で開催される「ホームゲーム」が有利**といわれます。それはサポーターや大勢の観客の応援が得られるなど、**相手より心理的に優位に立って、もてる実力を存分に発揮できる**からです。

自分が安心できる場所なので、リラックスして戦うことができ、相手のペースに引きこまれることもないだけに強いのです。

これは※**ホームグラウンド効果**と呼ばれます。**ホームグラウンドで勝負事をすると勝率が高くなる**と考えられています。

実生活にもあるホーム&アウェイ

自分が**慣れ親しんでいる店や場所、趣味などの分野**でもホームグラウンド効果は期待できます。それだけに、実生活のなか

※**ホームグラウンド効果**
自分が慣れ親しんだ場所で、ゲーム、交渉、勝負事などをおこなうことで、リラックスでき、余計な緊張から解放され、よいパフォーマンスを発揮できる効果。

でもホーム有利というケースを上手に活用したいものです。

たとえば、気になる女性をデートに誘うとき、「行きつけの店があるんだけどご一緒しませんか？」という誘い文句は常套句《じょうとうく》です。これは誘う側が、ホームグラウンドで勝負しやすいことを感覚的に理解しているためでしょう。実際に、普段はおとなしい男性が行きつけの店に入った途端、堂々とふるまいはじめ、マスターと親しげに話したり、「ここは○○がおいしいんだ」と相手に料理をすすめたりなど、いつもと違う雰囲気をかもしだす、なんてことがあるのです。顔見知りの店員や常連のお客さんがいるのが励みとなり、心に余裕が生まれ、いつものおとなしい自分ではなく、**自信のある自分に変貌**できるのです。

また、彼女を旅行やデートに誘うときでも、**自分が何度も訪れた場所やよく知っている場所を選べば、失敗を少なくすることもできます。**新婚旅行ではじめて訪れた外国で、ハプニングに対応できなくてオロオロ。その姿を見られ、花嫁に幻滅された新郎が離婚するはめに陥った「成田離婚」という言葉も聞かれましたが、そうした最悪の事態もさけられます。

これはビジネスの世界でも同様です。冒頭の問題のように、自分の行きつけの店で交渉することで、相手よりも心理的に優位に立てます。メニューを選択するときも、料理やお酒など、自分がよく知っているだけに自信をもってすすめられるはずです。そうした自信の積み重ねが、相手との会話の際にも堂々とした態度として表れ、目的達成につながっていくのです。

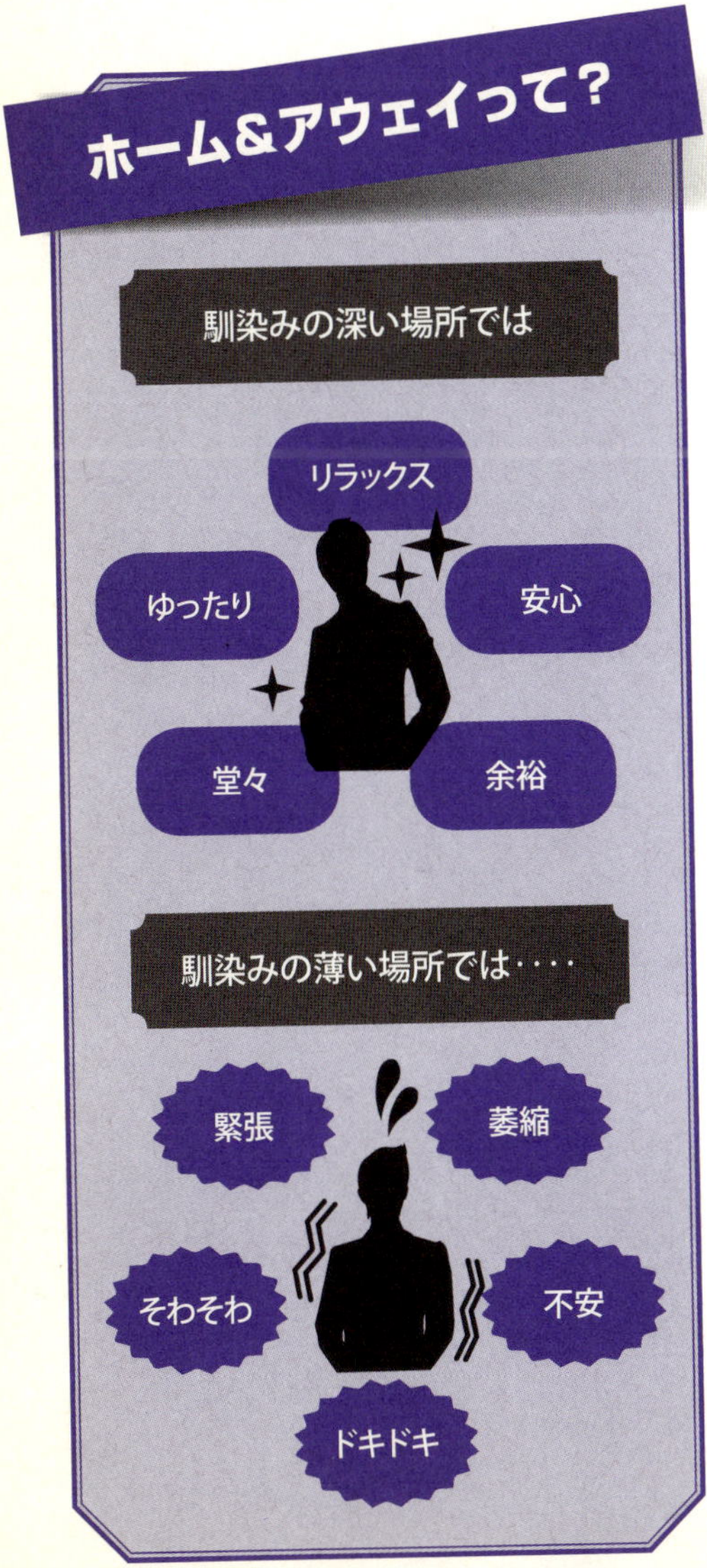
ホーム＆アウェイって？
馴染みの深い場所では
リラックス
ゆったり
安心
堂々
余裕
馴染みの薄い場所では・・・
緊張
萎縮
そわそわ
不安
ドキドキ

どこに座ったかを見るだけで相手の心は手に取るようにわかる

KEY WORD
黙って座ればピタリと当たる

気になる相手はどこに座るか

会議や打ち合わせ、合コンの席や友人同士のおしゃべりなど、一つのテーブルを囲んで、大人数で座る機会は意外と多いものです。その際、自分が座ったあとで、**相手が座る位置を見れば**

自分と相手との関係性をはかることが可能になります。

人は座る場所を決める際、先に座った人の位置を見ながら自分の場所を決めることが結構あるものです。そして、そこには**先に座った人に対する感情や人間関係が表出**します。

詳しく見てみましょう。まずは、**相手があなたの正面に座った場合**です。正面というのは、お互いに意見をいいやすいもの。議論して自分の意見を通したいという攻撃的な態度の人が、その相手の正面に座りやすいとされています。意見があまり合わないなど、あなたに好意的な感情をもっているとはいえません。

次に**相手があなたの隣に座った場合**。この人は、あなたを好意的に受け入れています。実際に近くに座るほど、相手を肯定的にとらえていると考えられます。仲間と共同作業をするときに向いた座り方で「近くで会話を楽しみたい」とか、「同じ意見をもっている」という意識があります。

それでは、**相手があなたと離れてはじに座った場合**はどうでしょうか。このタイプは、あなたとの関わりをさける傾向にある人です。同じテーブルとはいえ、個別作業をするときによくある座り方で、新しい人間関係を築くことに対して慎重な人か、知り合って間もないなど、現時点であなたとは心の距離を感じていると考えられます。

いつも入口に近い席に座る人は…

また、会議などの参加者の行動や発言には、ある法則があります。よく見られるものとして「以前に口論した相手がいるときは、お互いに正面に座る傾向がある」「まとめ役のリーダーシップが弱い会議において、私語は向かい合わせの席で起こり、リーダーシップが強いケースでは隣同士で交わされる」「一人が発言したあと、次に発言する人は、前の人の反対意見を述べるケースが多い」などがあげられます。これら3つの現象は※**スティンザーの3原則**と呼ばれています。ほかの参加者の心理が読めれ

スティンザーの3原則
アメリカの心理学者スティンザーが、小集団の生態を研究している際に発見した現象。会議などの集団行動によく見られる現象を3つの原則として集約した。

ば余裕が生まれ、会議にのぞむ心がまえが変わってきます。

ところで、時おり、**必ず入口近くの席に座る人**を見かけます。その理由を地震や火災などの緊急事態でも「すぐに避難できると考えているから」ととらえるのは考えすぎでしょうか。むしろ、**会議やミーティングに参加すること自体に不安をおぼえている**という見方のほうが当てはまりそうです。会議で「何か気の利いたことがいえるだろうか」「上司に批判されないだろうか」など、**心の葛藤を抱えている**のでしょう。その思いが無意識のうちに表れたのが、入口近くの席を選ぶという行動です。

実際に逃げ出すことなどないのに、いつでも逃げられると思うことで、不安を解消しようとしているのです。

もし自分に当てはまっていたら、即刻やめるべきです。自信のない行動は、やがてあなたの低評価につながるのですから。

相手はどこに座る？

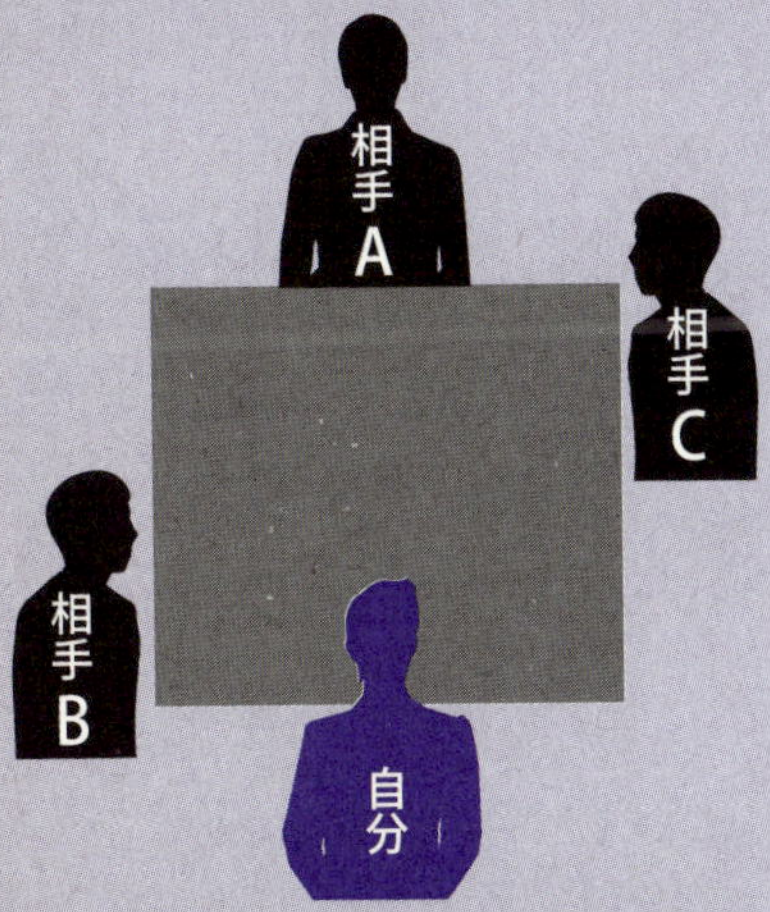

A　正面に座る

反好意的　議論をしたい

B　近くに座る

好意的　会話を楽しみたい

C　離れて座る

疎遠な仲
あまり話をしたくない

よい印象をもたれたいなら出会いから3回目までが勝負だ

KEY WORD
自己アピールの秘訣

「第一印象」を軽んずべからず

お見合いや合コンの席、あるいは初対面の相手との商談の場など、なんとかうまく自分をアピールして「相手に好印象を抱かせたい」というシチュエーションに際して、漠然とのぞんでいるようではとうてい成功はのぞめません。

はじめて出会った**相手に対する印象**について、人はどれくらいの時間で決めるのかには諸説あります。心理学的には、**その相手を好きか嫌いかと二極化するまでの時間は数秒で、その後のおおまかな第一印象もわずか数分で決まる**と考えられています。そして、困ったことに、人はこのときの印象を後々までひきずるものなのです。

この第一印象を定義づけしたものは心理学用語で※**スリーセット理論**と呼ばれています。**人は出会って3回目までに、相手の印象や評価を固定化する傾向にあり、それ以降は単純に第一印**

※スリーセット理論
人は出会いから3回目までに、相手との関係性を決定するという理論。3回会った際に相手の印象や評価はほとんど固定化され、以降は最初の印象を強めこそすれ、あまり変化することはないと考えられている。

象を強めるだけにしかならないという説です。

よく「私のよさはじっくりつきあってみないとわからない」と豪語する人がいますが、現実としては、一度印象や評価が固定してしまうと相手の考えを変えるのは困難をきわめます。だからこそ、最初の印象づけは大切なのです。

アピールで好印象をゲットする

初対面の人と出会った際、初回には文字通り、**第一印象**が決定されます。相手は主に**外見**などで「あなたのイメージ」をつくりあげてしまうだけに、**服装や身だしなみ**には注意しておきたいものです。そして2回目の出会いで、相手はその第一印象が正しかったかどうかを**再判定**します。ここでは外見より、性格など、**内面的な部分**が重視されます。3回目には、これまでの評価が間違っていなかったかどうかという**確認作業**をします。この時点でよい印象を抱いていなければアウト。今後の挽回はかなり難しいといえるでしょう。

そうなると、第一印象の決定をすべて相手まかせにしていては危険です。相手に好印象を抱かせるには、あなたからの効果的な**アピール**が重要になってきます。

自己アピールが得意な人は、自分に自信があり、自分自身を

冷静に分析できているものです。まずは、保有する能力、長所だけでなく短所も含め、自分をあらゆる角度から見つめ直してみましょう。また、アピールの際は、**相手の心理状態、その場の雰囲気**などに目を配ることを忘れてはいけません。状況を読まない強引なアピールをすると「生意気なヤツ」とか「失礼な態度な人」などの悪い印象をもたれます。

自分がどのような行動や発言をすれば、相手が好印象を抱くかも把握しておきたいものです。たとえば、得意先や上司から質問を受けたら、すばやく明瞭に返答するよう心がけます。そこで、まごまごしていたり、回答に戸惑ったりしていると「できないヤツ」というレッテルが貼られてしまいます。

自己アピールが苦手な人は、上手な人のやり方をよく観察して、そのエッセンスを真似てみるのが上達への近道です。

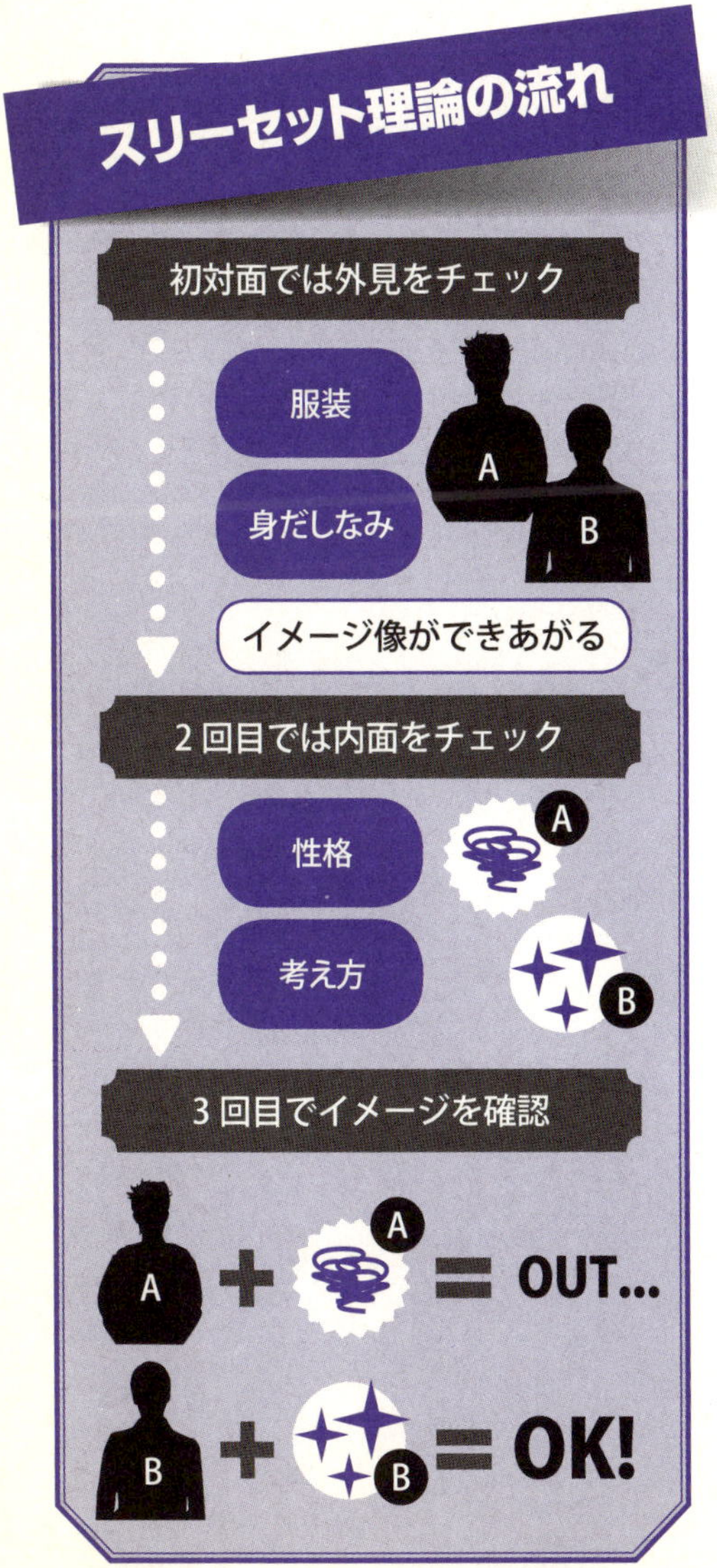
スリーセット理論の流れ
初対面では外見をチェック
服装
身だしなみ
A
B
イメージ像ができあがる
2回目では内面をチェック
性格
考え方
A
B
3回目でイメージを確認
A
A
OUT...
B
B
OK!

「できるヤツ」になりたければ外見にもこだわるべし

KEY WORD

人は外見で判断される

まずは「見た目」が肝心

A君は得意先に新しいプロジェクトを提案するために数日間徹夜して企画書を書き上げました。ところが、肝心のプレゼン当日に寝坊してしまい、よれよれのスーツ、ぼさぼさ頭で会議にのぞむことに。精神的にゆとりを失ったA君はしどろもどろでプレゼンを終え、会議室をあとにすると、次の順番の競合相手のプレゼンターがこざっぱりした身なり、自信満々な面構えでその脇を通り過ぎていきました。はたして、その結果は……。

なんとなく想像できますね。新しいプロジェクトは、競合相手にまんまともっていかれてしまいました。

「人を見かけで判断してはいけない」といわれています。ところが、前項の「第一印象」でもとりあげたように、実社会では人を見かけで判断することが往々にしてあります。

アメリカの心理学者メラビアンは、外見（視覚情報）は人を

判断するうえの大きな要素の一つであるという法則（メラビアンの法則）を提唱しました。これは、感情や態度について矛盾したメッセージが発せられたとき、人の行動が他人にどのような影響を及ぼすかを研究した際、「話の内容」が7％で「話し方」が38％、そして「外見」が55％という割合であったことから「7―38―55のルール」とも呼ばれます。外見の占める割合が非常に大きいことがわかります。彼は同時に**「人が相手を受け入れるまでには4つの壁がある」**と主張しています。第1の壁となるのは、ずばり**「外見」**。第2の壁が**「態度」**、第3の壁が**「話し方」**、そして第4の壁が**「話の内容」**です。対人関係においては、

メラビアンの法則
アメリカの心理学者アルバート・メラビアンが提唱した法則。人とのコミュニケーションの際は、相手に与える影響として発せられるメッセージよりも、その際の非言語的要素の働きかけ（表情や口調）のほうが強い影響力をもつというもの。

まず外見に関わる壁を突破しないことには、その後の展開につなげていくことは難しいといえるでしょう。

ハロー効果を上手に活用

さて今度は高校時代の仲間から誘われ、合コンに参加することになったA君。新品のスーツで、ピシッと髪型を整えてきました。「いいな」と思った女性の隣に座ることにも成功。ところが、参加メンバーの自己紹介が終わった途端、意中の相手を含む女性陣の視線と関心は、ひとりの男性に集中しました。

一流大学を出て、一流企業に勤めるB君です。

外見とともに人の判断の基準となるものに地位や肩書きがあります。これは※**ハロー効果**といい、**肩書きや身分などのイメージにより、実際以上に自分をより大きく見せたり、信憑性《しんぴょうせい》をもたせる効果**があります。弁護士や医者、教師など、職種だけで人格者であると見なされるケースは多いものです。また、相手に部長や課長など、自分より上位となる肩書きがあるとどこかかしこまってしまうのも同じです。

自分に地位や肩書きがないときでも**ハロー効果を活用する手はあります**。たとえば、仕事はイマイチでもいつも元気にあいさつをしていれば、上司に「勤務態度が真面目」と判断されます。

ハロー効果
ある人を判断するときに、容姿や肩書きなど、目立ちやすい特徴によって、ほかの特徴についての評価がゆがめられる現象のこと。ハローとは、「後光が差す」というときの後光を意味し、後光効果、光背効果ともいわれる。

いつも笑顔をふりまいている受付嬢はそれだけで、本当は気性が荒くても、その事実はゆがめられ「うちの息子の嫁に」と思わぬ玉の輿に乗れることだってあるのです。まずは自分の武器を自覚して、自分なりのハロー効果で成功を目指しましょう。

相手を受け入れる4つの壁

第1の壁
- 服装
- 外見
- 表情

第2の壁
- 態度
- しぐさ
- 姿勢

第3の壁
- 声の抑揚
- 話すスピード
- 声の大きさ

第4の壁
- 話の内容

ズルいトワザ 02

相手の「望み」を一気にかなえてはいけない

解説

頼られる人はつねに丁重に扱われるもの。頼られた際は、相手の望みをいっぺんではなく小出しにかなえる。望みがかなうとすぐに相手への感謝を忘れてしまうのが人間だから。

活用例

これは恋愛でも使えます。相手にたくさんプレゼントを貢がせたければ、思わせぶりな態度で「OK」の返事をなるべくじらせばいいのです。

chapter 3

「しぐさ」に秘められたサインを見逃すな！

chapter 3
lecture
01

目の動きを観察してこっそりと心をのぞき見る

「目は口ほどに物をいう」「目の色を変える」など、目に関する言葉は、人の感情を伝えるような意味合いをもつものが多く見られます。視線や目の動きは、人の心の動きを大いに表しているといえるでしょう。意中の相手や得意先のお客さんが「今どんな感情を抱いているのか」など、目の前にいる相手の本心を見極めたいときは、ぜひ目の動きに着目してみることをおすすめします。

目の向き・動きで相手を探る!

目が合った途端に視線をそらす

相手はあなたを観察しているのかも。女性が男性にする場合は、相手を意識している証拠で好意を寄せている。

会話の途中で左か右に視線をそらす

意見の食い違いなどがあるとき。2人の間に線を引きたい「拒否」のサイン。怖がっているときは下にそらす。

キョロキョロ動かす

動揺しているときや緊張しているときなど不安感を表す。いろいろと考えをめぐらせているときにも。

上目づかいで話す

「尊敬」「服従」の姿勢で、相手にへりくだっているとき。受け身なタイプで「相手に甘えたい」という心理。

見下ろして話す

相手より自分が偉い、「優位に立ちたい」と思っている。支配的な態度で、相手をリードしようとしている。

見つめる

男性から女性は、「支配欲求」の表れで好意を示す。女性から男性は、「親和欲求」で単に仲良くしたいとき。

左下を向く

以前に聴いた曲のメロディーやタイトルを思い出すときなど。聴覚に関係するイメージを思い描いているとき。

左上を向く

過去に体験したことを思い出しているとき。過去の出来事や以前に見た光景をふり返っているときに多い。

※左右は本人から見た場合です。

右下を向く

身体的なイメージを思い描いているとき。過去に受けた暴力の体験などの肉体的な苦痛を思い出しているとき。

右上を向く

今までに見たことのない光景や体験していないことを思い描こうとしたとき。嘘をつくときにもよく見られる。

chapter 3
lecture
02

気に入られたければ自分の頭の動きに注意せよ

ビジネスの場で、商談相手があなたの提案に対して興味をもっているのかどうか。あるいは、恋愛のケースで、気になる相手があなたに関心を抱いているかどうか。そのようなことは、会話を進めていくうちに相手の頭・顔の動きや態度から判別できてしまうものです。あなた自身が相手に気に入られたいと思ったら、この章のテクニックを身につけ、自分の頭の動きにも注意を払いましょう。

関心度がわかる頭の動きとしぐさ

話に興味があるとき

渡した資料などに目を配り、話をよく聞こうと上体を前に傾けて頭や顔を相手に近づけ、両足は後ろに引く。

話に退屈しているとき

そわそわした状態で頭を左右に動かしたり、あらぬ方向を見たり、首をかしげたりする。頬づえをつくことも。

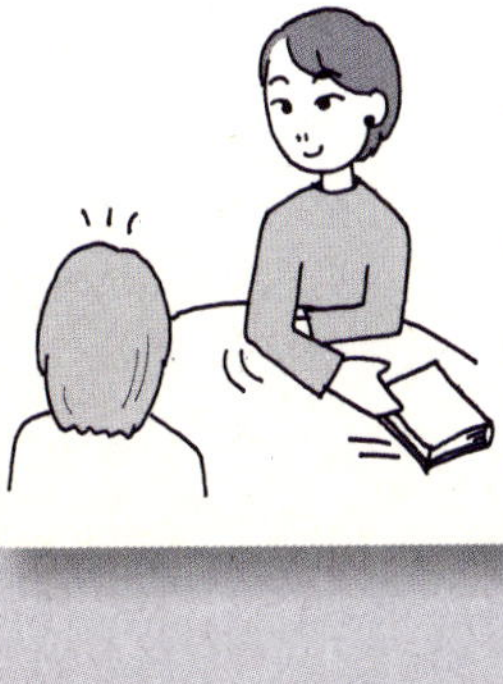

相手に対して興味があるとき

相手を「もっと知りたい」と近づいて見ようとする。灰皿やカップなど、テーブルの上のものを横にどける。

話の流れを無視してうなずく

話の内容や会話のリズムを無視してうなずくのは「拒絶」のサイン。「話を切り上げてほしい」と思っている。

3回以上くり返しうなずく

上司の前などでやりがちな「社交辞令」。「早く終わらせて」の意味にとらえられてしまうこともあるので要注意。

身をのりだしてうなずく

相手に対して「好意を抱いている」というサイン。そのうえ、話の内容にも興味をもっているときにとる姿勢。

下を向く

会話の途中で下を向くのは、相手の問いに対する「拒絶」。または、答えがわからなくて即答できないとき。

アゴをひいて上目づかいで見る

相手の話に対して、何か反論があるときにとるポーズ。無意識のうちにおこなう「威《い》嚇《かく》」の姿勢と考えられる。

斜めにかたむける

会話中のしぐさであれば、話の内容に「疑問」を抱いている。または、いろいろと考えをめぐらせているとき。

頬づえをつく

頬づえや腕の上にアゴをのせる動作は「退屈」の表れ。相手の気持ちを害するので1対1の際は気をつけたい。

chapter 3
lecture
03

手の動きに着目すれば相手の心理を手玉に取れる

人は「心が動揺しているとき」「喜んでいるとき」などに、自然と手が動いているのをご存知ですか。手や腕の動きは、雄弁にその人の本心を語っていることが多いものです。会話をしているとき、相手が「自分のことをどう思っているのか」なども手の動きをよくよく観察すれば把握できてしまいます。普段は何気なく置いている手の位置からでも、心理状態や性格を読み取ることは可能なのです。

相手を読める手の動き

手を隠している

相手に「近づいてほしくない」という心理状態。自分の本心が悟られるのを恐れており、警戒心を表している。

両手を広げている

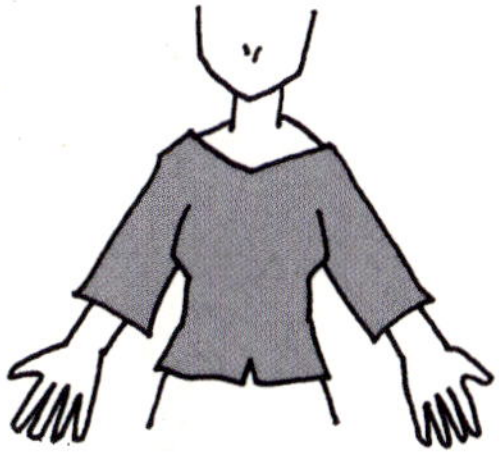

両腕を広げ相手に差し出すのは「受け入れ」のサイン。「私はオープンです」の姿勢で話を受け入れている。

腕組みをする

「自己防衛」のポーズで、不安や緊張を表す。相手を拒絶している心理状態で、自分を開示しない人にも多い。

会話中の手の動き

指を広げている

会話中、心理的にリラックスしている状態を表す。相手のことを受け入れ、話をしっかりと聞いている態度。

こぶしを固く握る

相手の話に納得できないという「NO」のサイン。内心では不快に感じ、「話を聞きたくない」とも思っている。

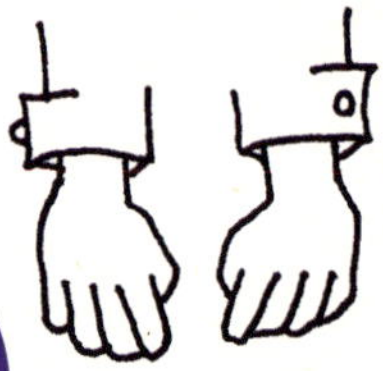

指でテーブルを叩く

指先でトントンとテーブルを叩くのは「苛立《いらだ》ち」のサイン。不愉快な気持ちを抑制できず行動に表れた状態。

こぶしを軽く握る

リラックスとまではいかないが、話の内容に興味を示している態度。このまま会話を続けていても問題はない。

アゴをさわる

相手から「口攻撃」されているときの「防御」の動作。ウソをつくときや自分の発言に慎重になっているときにも。

鼻の下に手をあてる

話を聞いている人が鼻に手をやるのは、相手の話を「本当かな?」といぶかしむときに多く見られるしぐさ。

こんな手の動きもチェック

テーブルの上を片づける

テーブル上のものを片づけたり、ナプキンで拭いたりするのは、話が面白く「もっと話がしたい」という心理。

鼻の脇をこする

不愉快さを感じている可能性が大。相手の話に対する「疑い」「拒絶」「不快」などの心理状態がうかがえる。

片手を相手に つき出して話す

「話の主導権を握りたい」と考えている。支配的で自己顕示欲が強い人のしぐさ。政治家の演説でも見られる。

片手を後ろにまわす

控え目な態度の人のしぐさ。周囲からは地位が低いと見なされる。両手に力を入れて下に伸ばすこともある。

両手を腰にあてる

「仁王立ち」のような姿勢は、話をするにも聞くにも明らかに横柄な態度。自己中心的な人に多く見られる。

両手を後ろにまわして握る

手を体の後ろにまわすのは「相手の意のままになる」ことのアピール。何事にも控え目で地位の低い人に多い。

アゴをさすっている

会話中に相手がアゴをさすっていたら、話の内容に対する「同意」や「感心している」というサイン。

頬に手をあてる

人の話の内容に「ミスがないかどうか」を探っているしぐさ。または、相手の話に反対しようとしている態度。

chapter 3
lecture
04

相手の本心を知りたいときは足の動きに教えてもらう

あいさつや会話の際など、人と向かい合うとき、相手の表情や視線、上半身の動きに目をとめることはあっても、足の動きに注意を向ける機会はなかなかありません。それだけに、人は心の動揺や本当の気持ちを悟られないように意識していても、自分の足の動きがどうなっているかまでは気がまわらないものです。手ごわい相手の心を読みたいときには、盲点ともいえる足の動きに着目してみましょう。

心が見えない相手には足の動きに注目

貧乏ゆすり

立ち入られたくない話をされたときなど「拒否」を示す。また、イライラしているときや緊張しているとき。

左脚を上にして組む

積極性があり、オープンな性格の持ち主。自分が主導権を握って話をしたがるなどマイペースなところがある。

右脚を上にして組む

どちらかというと内気で内向的な性格の持ち主。何事に対しても消極的で控え目なタイプによく見られる。

色々な足の動き1

揃えてまっすぐに閉じる

自己開示を「拒否」するサイン。相手に心のなかに踏みこまれたくないと思い、警戒しているときのしぐさ。

足を広げて座る

男性に見られる姿勢で、目の前の相手に対して心を解放している。自分の強さを誇示する「虚勢」の意味も。

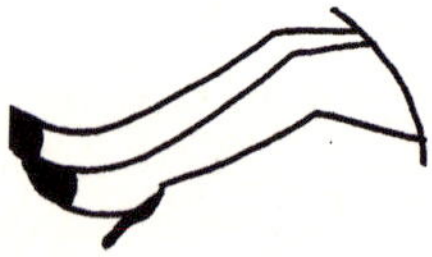

足を前に投げ出す

相手の話にまったく興味をおぼえていない様子。どこか投げやりにも見える姿勢で、「退屈」を表している。

足をドア側に向ける

「会話を終わらせて立ち去りたい」という心理状態。その気持ちが無意識のうちに足をドアに向けさせている。

足首をクロスさせる

精神的に子どもっぽい性格の持ち主。空想癖があるなど、夢見がちなロマンチストがよくするしぐさ。

両足をそろえて傾ける

女性の姿勢で自分を「上品に見せたい」という心理。プライドが高く、おだてると調子にのりやすい性格。

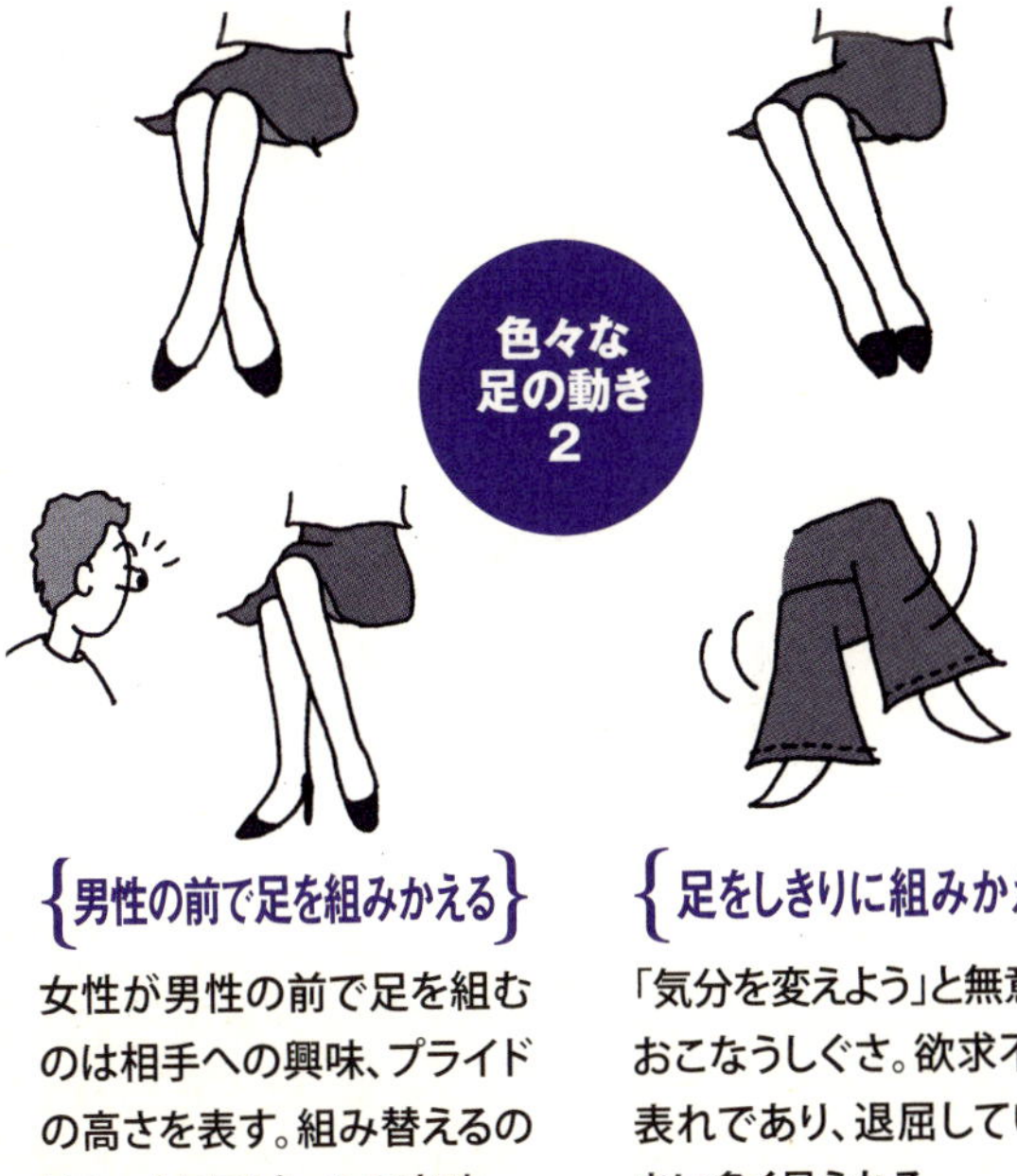

男性の前で足を組みかえる

女性が男性の前で足を組むのは相手への興味、プライドの高さを表す。組み替えるのはセックスアピールの意味。

足をしきりに組みかえる

「気分を変えよう」と無意識におこなうしぐさ。欲求不満の表れであり、退屈しているときに多く見られる。

chapter 3
lecture
05

話を切り上げるタイミングを見逃すと評価はガタ落ちする

得意先との交渉の場。気になる異性とのひととき。あるいは仲間同士のおしゃべりなど。会話の際には、相手のしぐさに気をつけたいものです。もしかしたら、あなたの話に興味を失って、もうこれ以上「話を続けたくない」というサインを発しているかもしれません。調子にのって、いつまでも話し続けていたら悪印象しか残りません。早々に切り上げるか、ほかに興味をひく方法を考えたほうが得策です。

「話をやめて」といっているしぐさ

意味のない動作

カップが空なのに飲もうとする。携帯電話をいじりだす。理由もなく手帳を開くなどの動作をくり返す。

咳《せき》払い

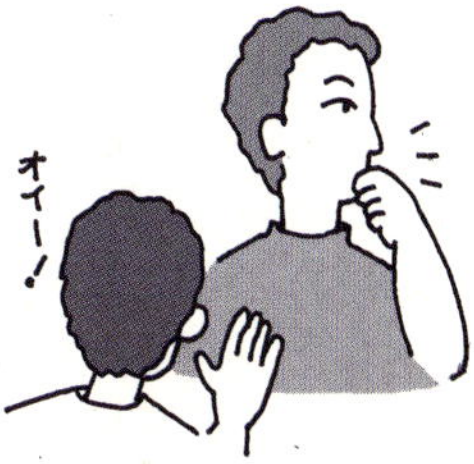

話の途中でわざとらしく咳払いをしたら「拒否」を示している。話の内容に異議を唱えているというケースも。

椅子から腰を浮かせる

「早々に立ち去りたい」という無意識の意思表示。立ち上がる準備動作で、ひじ掛けをつかむのも同様の意味。

タバコをすぐにもみ消す

「話をやめて帰りたい」という気持ちの表れ。タバコをこまめに消すことで席を立つタイミングを計っている。

やたらとうなずく

話の流れを無視して必要以上にうなずくのは、「話を切り上げてほしい」というサイン。話を聞くのが面倒。

「とにかく…」が多くなる

「とにかく」は一種のまとめの言葉。話の途中で相手が連発しはじめたら、話を早く終わらせたほうが無難。

やたらと席を外す

「ちょっと電話を」「ちょっとトイレ」と理由をつけて席を離れだすのは「そろそろ帰りたい」というサイン。

仁王立ちの姿勢をとる

セールスの際など相手がひじを張って仁王立ちで話すのは「ゆっくり話を聞くつもりはない」という意思表示。

髪や耳などをさわる

会話の途中ではじめたら「相手の話をやめさせたい」というしぐさ。クセの場合もあるので表情から判断を。

chapter 3
lecture
06

フトしたしぐさに注目すれば心の動揺を見透かせる

緊張や不安を感じた際など、心が不安定なとき、人は髪にふれたり、頬《ほお》や唇に手をやったりと自分の体をさわるしぐさをするものです。これを心理学では「自己親密行動」と呼び、無意識のうちに自分自身をかわいがる行動をとることで心の動揺を鎮めるためと考えられています。それだけに、手を体のどのパーツにもっていくかに注目していれば、相手の今の深層心理を読み取ることもできるのです。

心が不安定なときに無意識に出るしぐさ

頬づえをつく

ぼんやりとした目で頬づえをついていたら、相手の話に退屈している証拠。頬づえはかわいそうな自分を慰めてくれる母親や恋人などの腕の代わりと考えられている。

髪をさわる女性

精神的に不安定な状態のとき、髪に手をやるケースが多い。誰かにやさしい言葉をかけてもらいたいとき、イライラしているとき、失敗などで後悔している際にも。

唇をさわる

心が不安定な状態のとき、「落ち着きたい」という心理状態。乳幼児の際に母親のおっぱいに感じたような「安心感を得たい」という意味で甘えん坊な人に多い。

ツメをかむ

心の動揺が強いときのサイン。依存心が強く、自立心が低い人が社会に出たばかりの頃によく出るクセ。爪先がギザギザの人は強いフラストレーションを抱えている。

こんなときは動揺している!

普段は何気なく見逃しがちなしぐさですが、
これらの行動の裏側には、
心の動揺が隠れていることが多いのです。

- 頭をかく
- 鼻をつまむ
- 手をこする
- ボタンをさわる
- 手元の紙などを丸める
- 机にあるものをさわる
- 手を組んだり離したりをくり返す

chapter 3

lecture 07

心を開いている相手にはこんなしぐさをする

あるⅨ人に対して好意を抱いているとき、または心を開いているときなど、たとえ本人は意識していなくても、知らず知らずのうちにしぐさとして表れているものです。気になる異性などが、あなたに対して「どんな気持ちを抱いているか」を知りたいときは、そのしぐさに着目してみましょう。反対に、あなたの側から相手に対する好意を無意識のメッセージとして送ることにも活用できます。

しぐさで好意を見抜き、失敗なき恋愛を!

相手の体がこちらを向いている

あなたに対して興味があるというサイン。上体を前のめり気味にしていたら、かなり興味があると考えられる。

接近しても嫌がるそぶりをしない

手を伸ばしたら届くような距離でも、相手が不快な態度を示さないときは脈アリ。好意があると考えられる。

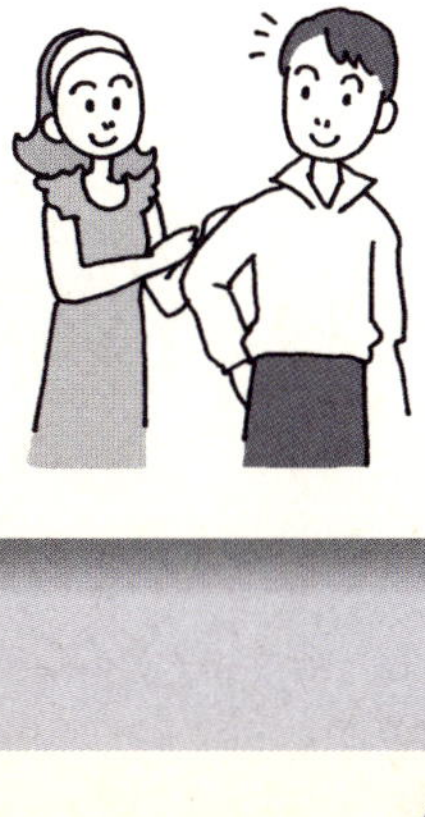

ときどき体に触れる

異性の体に触れるのは好意の表れ。男性の場合は「モノにしたい」、女性は「距離を縮めたい」という心理。

同じしぐさをする

あなたがコーヒーを飲んだら相手も飲んだり、足を組んだら相手も組んだりするのは、親密さを感じている。

プライベートな話をする

自分自身について突っこんだ話をするのは、心を開いている証拠。通常、興味のない相手に対してはしない。

手が自然な状態のまま

相手はあなたを受け入れている状態。もし腕組みをしていたら、「自己防衛」のポーズで「拒絶」を表している。

足が自然な状態で開く

特に男性がとる姿勢で、座っているときに足が開いていれば、相手に対して心を開き、好意を抱いている。

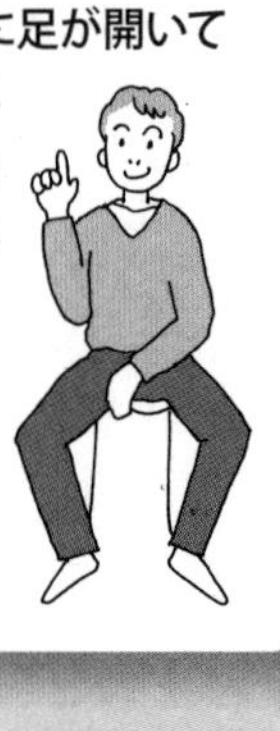

コレも押さえろ！

写真の撮られ方でわかる性格診断

写真撮影の際、人はさまざまなポーズや立ち位置をとります。そんな行動からでも性格は読み取れるのです。

変顔やわざと視線を外す

照れ隠しではあるがしっかりカメラは意識している。自己主張が強く、我が道をゆくタイプ。

いつも中心で写る

行動力があり、自己主張も強い。その分嫌われることも多い。ナルシストであり、女王様タイプ。

いつも自然体で写る

自分より周囲を優先させ、協調性に富む。自己顕示欲が弱く、存在感が薄い。恋愛では尽くすタイプ。

いつもリーダーの隣

世渡りがうまく、権力志向の部分もある。頭が切れ、幅広い交友関係をもつ。恋愛ではモテモテ。

いつも同じ顔で写る

いつも鏡を見てキメ顔を研究。自己主張が強く、リーダーシップもある。恋愛では自己陶酔タイプ。

いつも隅の方で写る

内向的で団体行動が苦手。グループ内では孤立している存在。恋愛には疎《うと》く、じっと待つタイプ。

ズルいトワザ 03

人の「欲望」を上手に利用すべし

解説

相手にほしいものがあれば、
入手困難であることをわざわざ強調する。
欲望をかき立ててあげれば、
相手を自分のペースに引きずりこむことができ、
目的の達成に役立てられる。

活用例

相手が何をほしいのかを知っていれば、仲間に取りこむのは簡単です。普段から周囲の人の趣味嗜好などの情報入手を心がけましょう。

chapter 4

「見た目」でワカる相手の深層心理

chapter 4
lecture 01

顔のカタチや体型から性格は判断できる

自分の普段の行動から思い出してみてください。初対面の人に対して、まずどこを見ますか？　ほとんどの人は「顔」と答えるはずです。私たちは相手の顔を見て第一印象を決めてしまいがちです。顔のカタチや顔色、表情は人を印象づける大切な部位。そして、心理学では顔や体の特徴を見れば、その人がもっている気質、性格などがタイプ分けできます。そして、表情は心理状態も雄弁に語ってくれるのです。

見た目は性格を物語る!

太った人

温かみがあり、明るく社交的。ユーモア精神に富み、親しみやすいが突然落ちこんでウツ状態になることも。

やせている人

神経質な生真面目タイプ。理解力、洞察力はあるが独断的な面も。非社交的で周囲に無関心な部分もある。

筋肉質な人

几帳面でがんこ。粘り強く、正義感も強い。気に入らないことがあると怒りだすなど、興奮しやすい面もある。

人は誰もが二重人格!?
本当の気持ちは左側に表れる

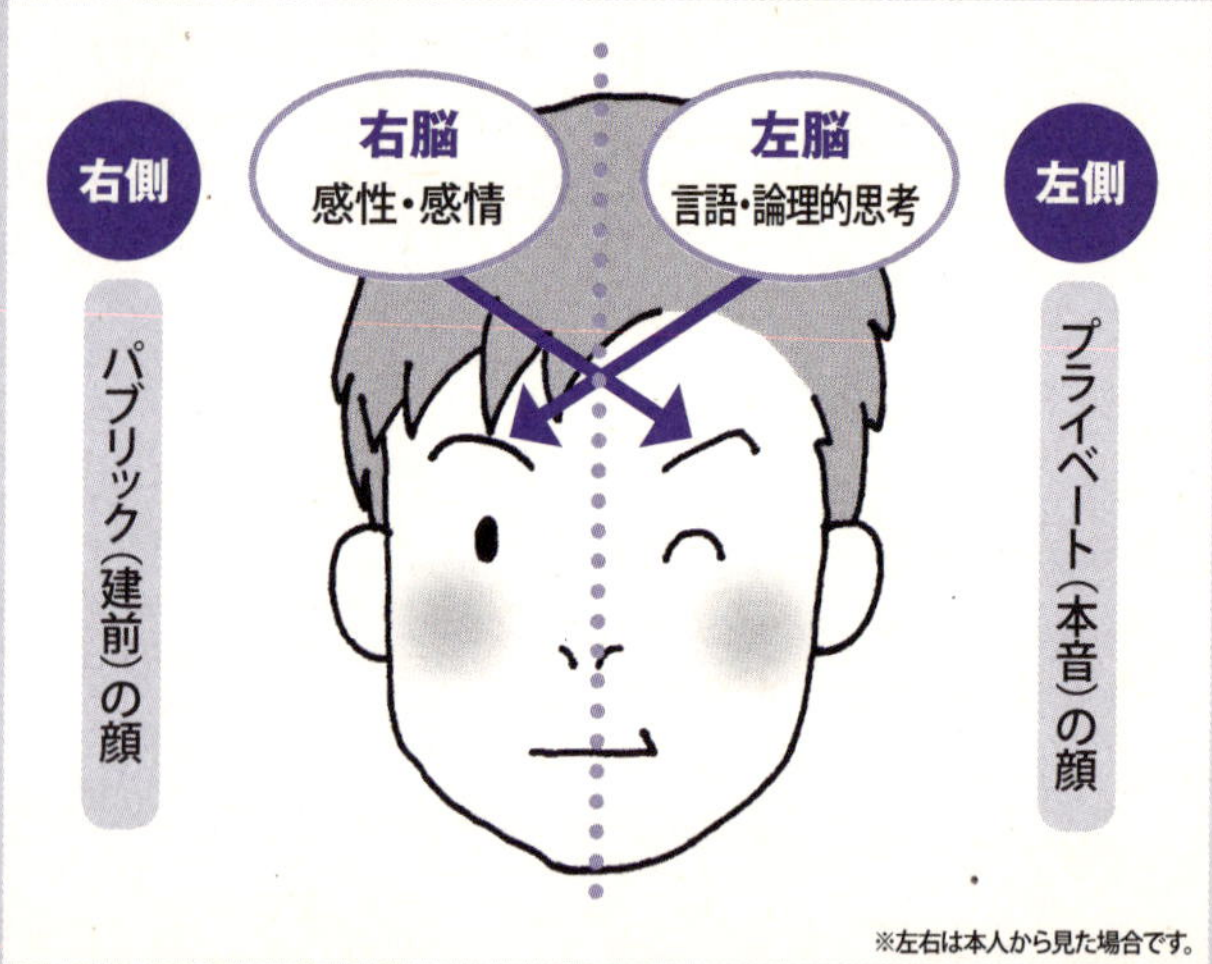
右脳
感性・感情
左脳
言語・論理的思考
右側
左側
パブリック(建前)の顔
プライベート(本音)の顔
※左右は本人から見た場合です。

顔は完全な左右対称ではなく、表情も左右で異なります。脳と体は延髄交叉《えんずいこうさ》によって左右が逆になるため、右脳が感情、左脳が論理的思考を司ることと関係し、左側には「本音」、右側には「建前」の表情が出現します。

丸顔

相手に安心感を与え、好感を得やすい。社交的な性格から周囲にやさしくされることも多く、わがままな面も。

逆三角形の顔

あごが細いためシャープな印象。世渡り上手で頭がキレ、感性も鋭い。繊細だが、粘り強さに欠ける面がある。

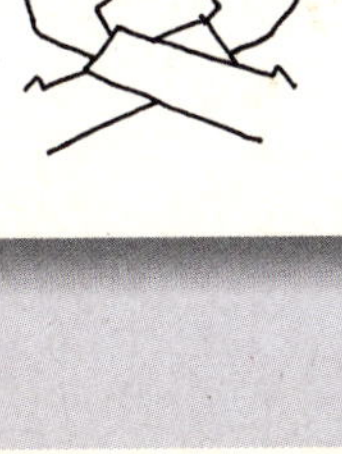

角張った顔

エラが張り気味の四角い顔は、がんこ者のがんばり屋。器用さはないが持ち前の根性を発揮して、大器晩成に。

額が広い

心が広く、気長で分別がある。責任感が強く、外向性も高い。知的ではあるが親しみやすさをもっている。

大きい顔

親しみやすく、社交的。積極性はあるが、あまり知的さは感じさせない。気長な性格で、他人にも親切である。

眉間と頬にも注目!

頬が上がっている

会話中に頬が上がっているのは、たとえ「興味ない」と口に出したとしても、内心ではあなたの話に興味津々。

眉間にシワを寄せる

会話中に眉間にシワを寄せるのは面白がっていない証拠。口では「面白いね」といっていてもウソの可能性が。

無表情を装う人の内心は

何を話しても無表情の人は、「人に弱みを見せたくない」という心理が働いているかもしれません。つねに無表情の人は、精神的・肉体的に疲労がたまっている、あるいは心の病気にかかっている可能性もあります。

顔が赤くなるメカニズム

恥ずかしいときや驚いたときなど、心が動揺すると、顔が赤くなるものです。これは誰にでも起こる生理的反応です。また、怒ったときに顔が赤くなるのは、アドレナリンの働きで血圧があがり、血のめぐりがよくなるためです。

chapter 4
lecture 02

目や鼻のカタチで相手のタイプを見極める

人相学をはじめ、顔のパーツに関しては古くからさまざまな研究がされています。心理学でも同様に、人の心理や性格を分析しています。顔の中心にある目と鼻は、そのカタチや大きさに目をやると、さまざまな情報を教えてくれるものです。漠然と「イケメン」「美女」という印象だけにとらわれず、細かい部分をチェックして、異性に対する評価や商談相手の性格などを事前に判断してうまく立ち回りましょう。

目と鼻のタイプで相手を分析!

大きい目

好奇心旺盛で学習意欲が高い。行動的だが、せっかちで計画性がなく、取り越し苦労することも多い。素直で責任感が強いが、それだけに精神的ダメージも受けやすい。

小さい目

物事をじっくり見定めてから慎重に行動する傾向がある。問題があっても解決を先送りにしがち。コツコツ型で人生設計や目標を立て、着実に進んでいくタイプ。

目のタイプをチェック

下がり目

温和でやさしい性格の人が多い。心が広く、親しみやすさをもつ。他人に尽くすタイプでもあるが、気迫に欠ける。

つり目

喜怒哀楽を表に出しやすく、性格も明るい正直者。勇気があり、積極的で自信家なところがある。

くりっとした丸い目

ポジティブで積極性があり、行動力がある。感受性も強く、情熱家。外向的な性格で、親しみやすい。

低い鼻

消極的でチャンスがきても一歩引いてしまうこともある。控え目な部分がかえって周囲に気に入られることも。

高い鼻

自尊心が強く、自信家で何事に対しても積極的な人間。鼻のカタチ同様、「天狗」になりやすい傾向もある。

鼻筋が通っている

人に対して感じよく接するなど、親しみやすい性格の持ち主。知性にもあふれている。

鼻の穴が小さい

知的ではあるが、物事や人に対してはあまり積極性はなく、外向性にも欠けるタイプ。

chapter 4
lecture 03

口や唇を観察すれば本当の姿が読み取れる

口元は言葉が発せられる場所だけに、「注目されやすく」「注目しやすい」部位でもあります。目をじっと見つめるのは、いろいろと誤解を生みやすいものですが、それに比べると口はカタチや状態などを観察していても、相手に怪しまれないパーツといえるでしょう。「唇の薄い人は薄情」ともいわれますが、口の大きさや唇の厚さなどにより人の性格は決まっているというのは、意外と本当のことなのです。

口と唇のタイプで相手を分析!

大きい口

明朗快活で行動的な印象をもつ。周囲を明るくするエネルギッシュなタイプ。口も達者で社交的だが、配慮に欠けるところもあり、人を傷つけてしまうことがある。

小さい口

バイタリティに欠け、おとなしいイメージがある。内向的な性格で、何事にも控え目で引っ込み思案。気づかいの人でもあるので、大きな口の人との相性はいい。

厚い唇

情熱的で情が深いところがあるため、恋に落ちると一気に燃え上がるタイプ。仕事への責任感も強く、愛着を感じると最後までやりぬく。人に対して親切である。

薄い唇

理性的に行動するクールなタイプ。恋愛に関しても、自分にトクがなければさっさと見切りをつけてしまう傾向がある。仕事の際も、冷静かつ合理的に対処する。

口元がひきしまっている

意志の強さがあり、緊張感をもって仕事をするタイプ。状況や流行にまどわされない。積極的で分別がある。

口角が上がっている

やさしい性格で楽天家。周囲に対する心配りが上手。いつも人の輪のなかにいることを好む明るい人。

口角が下がっている

理屈っぽい性格で、他人にきびしい面があるため孤立しやすい傾向も。不平不満が多いとなりやすいので要注意。

chapter 4
lecture
04

笑い方の裏側には人の本性が隠されている

「笑い」は喜びの表現とされていますが、その場の状況や心理状態によって、笑い方は変わってきます。心の底から笑うこともあれば作り笑いをすることだってあるのです。人は特定の相手と結びつきたいという欲求があると、話しかけたり、笑いかけたりするという「愛着行動」をとります。相手の性格や本当の気持ちを見抜きつつ、あなたからも周囲に対して好感度がアップする笑顔をふりまいてみましょう。

笑い方のタイプで性格が読める!

「ハッハッハ」と快活に笑う人

口を大きく開けるというのは相手に心を開いているサイン。明朗快活で冗談好きな性格。感情のコントロールがきかず、ストレートな物言いで失言することも。

「フフフ」と含み笑いをする人

一見、表面上は笑っているが実は冷静な心理状態。相手の表情を観察したり、自分の表情に気をつかったりと感情のコントロールが上手にできるタイプ。

よく笑う人

人と仲良くしたいという「親和欲求」が強いタイプ。いつも誰かと一緒にいるのが好きで気持ちに余裕がある。

「フン」と鼻で笑う人

エリート意識が強く、相手を小バカにしている。鼻もちならないヤツと思われることも多い。

あまり笑わない人

好奇心旺盛だが、いつも緊張した生活を送っているような人。競争心が強く、人をライバル視したがる傾向も。

「ガハハ」と豪快に笑う人

心から豪快に笑う人は、小さいことにこだわらないタイプ。不自然な豪傑笑いは気弱な人が劣等感を隠すため。

作り笑いを見抜く方法

お世辞笑い、愛想笑いなど作り笑いは、相手との親密さを演出するためにすることが多い。

本当におかしいとき

口が笑ってから目が笑う。体全体も楽しげに動く。

お世辞笑い

目と口が同時に笑う。あるいは目が笑っていない。

いつも笑顔で心も体も健康に

心理学で笑顔は「報酬」の意味があります。人のがんばりを認めたときに笑顔を投げかけたり、子どもの笑顔に親が癒されたりと、日常でもよく「ごほうび」代わりに使われています。また、医学の世界では笑いにより免疫力が高まることが実証されており、健康づくりにも役に立っています。

chapter 4
lecture
05

髪型やファッションにはなりたい自分が表れるもの

ファッションや髪型には個性が投影されるものです。オシャレは自己表現の手段であるとともに、他人に「こう見られたい」という欲求の表れでもあります。それだけに、本来の性格とは真反対のスタイルを選び、理想の自分を追っているケースもあるのです。派手好きだからイケイケ、地味だから情熱がないとは限りません。心理学の見方を身につければ、彼ら彼女らの本当の姿を見透かすことも可能です。

ヘアスタイルで相手を分析!

ロングヘア

女性らしさを演出したい人。芯が強く冷静な判断力をもつ。家庭的ではない人がそれを隠そうと選ぶことも。

セミロングヘア

周囲に無難な印象を与えたい人が選ぶ髪型。ちょっと控え目で、容姿にもあまり自信のない女性に多い。

ショートヘア

積極性があり、活発な雰囲気を出したいと思っている人。顔に注目がいく髪型なので、容姿には自信アリ。

ヘアスタイルで 相手を分析!

ヘアスタイルをよく変える

自分のイメージを把握できていない人。心理的な不安定さを表す。戦略的に変える人は目立ちたがり屋タイプ。

自分のヘアスタイルにこだわる

生き方や意志がはっきりしている人。自分に似合う髪型を知ってこだわるのは、仕事ができるタイプに多い。

髪で耳や目を隠す

耳や目は情報を取り入れるパーツ。そこを隠すのは、内向的で周囲との関わりをさけ、孤独を好む傾向が。

髪が薄い

活動的で決断力がある。人に弱みは見せない。発想がつねに男性的で周囲からは「男らしい」と見られている。

白髪の男性

精神的に成熟したタイプ。自分の年齢や状態をきちんと肯定的に受け止めている。包容力もある。

白髪を染めている

「他人に認められたい」という意識が強い。歳をとった自分が嫌いで、いつまでも現役でいたいと思っている。

ファッションで 相手を分析!

落ち着いた ファッションを好む

落ち着いた服装とは裏腹に、自己主張が強く、こだわりが強いがんこ者タイプ。自分自身に自信をもっている。

個性的な ファッションを好む

ファッションを純粋に楽しむタイプ。意外と真面目で常識派。オシャレ自慢の裏に劣等感を秘めている場合も。

流行のファッションに 敏感

周囲と同調して、多数派につくことで安心し、自分の価値基準がない。つねに友人と同じ物をそろえたがる。

派手な色や原色を好む

寂しがり屋だが周囲から「楽しそうな人」と思われたい。対人不安があり、派手な服で他人から防御している。

こだわりなく コロコロ変える

自分は「マルチな人間だ」とアピールしている。多才ではあるが、八方美人な面も。言動にも一貫性がない。

小物にこだわる

アクセサリーなどの小物にこだわる人は、自分の好みにルールや一貫性がある。ある意味保守的ながんこ者。

小物選びで 相手を分析!

やたら高級ブランドを好む

自分に自信がないのをブランド品の威光で補おうとしている。「自分は高級な人間」だとアピールしたい人。

アクセサリー好き

アクセサリーの数が多いほど自信のなさを意味し、見栄っ張りが多い。内面の薄さを外面でカバーしている。

帽子好き

自己顕示欲が強く、他人からの評価を異常に気にする面も。室内でもかぶっている人は自意識過剰な性格。

ネクタイの柄で相手を分析!

ネクタイは斜めストライプ

協調性がある常識人タイプ。何事にも無難さを選び、冒険心に乏しく、突飛な行動を嫌う傾向がある。

ネクタイは派手な柄

好奇心旺盛で積極的な行動派。その反面、あきっぽいところもあり、途中で投げ出すケースもよく見られる。

ネクタイは水玉

自信家であり、実力も伴っている場合が多い。温和な性格で周囲からの人望も厚く、特に女性にはやさしい。

声のトーンから にじみ出る 本来の性格を聴きわけろ

人は話の内容とは別に、話し手の声のトーンに敏感に反応します。声がどんなイメージをもたれるのかを知れば、自分が相手に与える印象をよいものにしたり、声から相手の性格を読み取ったりということも可能なのです。

低くて太い声	♂	気取り屋で現実的。洗練された適応性をもつ。
	♀	不注意で怠け者。感情を表に出さない。
力のない声	♂	特に性格との相関関係はない。
	♀	社交性はあるが感情的。ユーモアを解する。

声	♂	♀
息が混じる弱い声	芸術家肌。幼稚なところがある。	いかにも女性的な人。陽気で興奮しやすい。
鼻にかかる声	男性、女性ともに人をあまり信用しないタイプ。社会的に望ましくない性格の持ち主の可能性も。	男性、女性ともに人をあまり信用しないタイプ。社会的に望ましくない性格の持ち主の可能性も。
緊張した声	ケンカっ早く、がんこ。	感情的で興奮しやすい。理解力が乏しい。
はっきりとした声	精力的で洗練された印象。芸術家肌で面白い人。	快活で社交的。美的センスがある。
メリハリがある声	女性的で芸術家気質。神経質な一面も。	精力的で明るい。外向的な性格。

色の好き嫌いから相手の本質をえぐり出す

洋服や家具、家電などを選ぶ際、「色」は大切な選択肢。色の好みには人格が投影されます。好みの色や嫌いな色からも人の性格が判別できてしまうのです。

色の好みによる性格の違い

赤

野心家で出世欲が強く、積極的に行動するタイプ。押しが強すぎて人から敬遠されることもある。

青

内向的だが、客観的に物事を判断するタイプ。周囲からの信頼も厚い。いいたいことがいえず消極的な一面も。

黄

変化を好み、仕事に熱中する生真面目タイプ。がんばり過ぎがたたって周囲に馴染めなくなることも。

緑

優越感や自負心の象徴色。がまん強く、堅実な考えの持ち主。男性の場合は、話が面白みに欠ける傾向がある。

嫌いな色からでもこれだけわかる!

赤 挫折感、無力感にとらわれている。

青 絶望感をおぼえている。

黄 過去に夢や希望を失った経験をもつ。

紫 周囲に反感を抱いている。

黒 権力に対して批判的。

緑 周囲から評価されていないと感じている。

茶 もっと周りに認められたい。

白

真面目で正義感が強い、潔癖主義者や理想主義者。お人好しな面もあり、人に利用されることがある。

茶

暖炉や家庭、安全性の象徴色。協調性があり、人づきあいがよい。自分の意見を曲げないがんこさもある。

オレンジ

陽気で明るく、話好きで社交的な人気者。周囲の目を気にして自分を見失うこともあり。嫉妬深い傾向も。

黒

努力家で、思うようにならない現状を変えようとするタイプ。もったいぶった性格であきっぽい一面も。

ズルいトワザ 04

時には意図的に「姿」をくらましてみる

解説

人から必要とされるためには、時として姿をくらます。
どんなに素晴らしくても、
いつも目の前にいれば魅力は薄れる。
会えないと思いは募り、
その人を求める気持ちが強くなる。

活用例

これは倦怠期《けんたいき》をむかえたカップルなどにおすすめです。一度離れてみれば相手の重要性に気づくことが往々にしてあるものです。

chapter 5

ズルい相手に対抗する必殺のカウンター攻撃

chapter 5

lecture

01

「ちょっと」という問いかけから身を守るための自己保身術

KEY WORD

巧妙な心理操作の言葉

安請け合いは余計な仕事のモト!?

ふとしたときに同僚から**「ちょっと時間あるかな」**と聞かれ、深く考えることもせずに「いまなら大丈夫だよ」と返答したばかりに「じゃあ、お願いね」と大量の荷物運びを手伝わせられるはめに……。そんなふうに安請け合いして面倒な仕事を頼まれてしまった経験はありませんか。

人に何かを依頼したいとき、**その相手にまず目をあわせたり、「ちょっとすみません」と声をかけたりする**のは、心理学では**ノッキング**※と呼ばれます。街角で「ちょっとしたアンケートですから」と声をかけてきて、質問に答えているうちに、不要な商品を契約させられてしまうキャッチセールスでも使われるテクニックです。一度「時間がある」と答えてしまったばかりに、話の途中で「これ以上聞きたくない」とは断りづらくさせてしまう**心の隙間をうまくついた依頼の方法**といえるでしょう。

※ノッキング
玄関をノックされると家にいる人は無視できない。そのように何かを依頼したいときなどに相手に対して最初に起こす行動のこと。「ちょっといいですか」と問いかけることから「問い合わせ行動」ともいう。

断る際はもっともらしい理由で

こうした依頼にひっかからないためにも、「ちょっと時間ある」「ちょっといいですか」という言葉に対しては、日ごろから**警戒心**をもつべきです。もしもその言葉をかけられたら**「この後、用事があるのですが何でしょう」と予防線を張っておいて、まず内容を確認する**のもいいでしょう。

問題は、たまたま気が緩んでいるときに「ＯＫ」と答えてしまったときです。面倒な仕事に対して「やっぱりできない」と断っても「時間があるんでしょ」と相手は言葉尻をとらえて依頼を押しつけてくるでしょう。そんなときは内容をよく吟味してからもっともらしい理由をつけて断ってしまうのです。冒頭の荷物運びであれば「いま腰を痛めていて」と逃げるのもいいですが、「このあと、大切なお客さんとの商談を控えていて、疲労困憊《こんぱい》でのぞんだらまとまる話もまとまらなくなるから」と論理的に破綻のない理由をつければ、相手も引かざるをえません。

ただ、依頼してきた相手がセールスマンや同僚くらいであればいいのですが、上司からの依頼をあまりしらじらしい理由で断ると自分の評価を落とすケースもあります。相手をよく見てから引き受けるかどうかを決めたほうが身のためです。

chapter 5
lecture 02

ゴマすりを駆使する相手には ゴマすりで凌駕《りょうが》する

KEY WORD
ゴマすり上手への対抗策

相手の好意を得るための処世術

「ナイスショットです！」とゴルフ場で、たいして飛距離が出ていないショットに対してほめ言葉を投げかける人がいます。

たいてい上司や得意先のお客さんなど、自分にとって**上位の相**

手にゴマをすって、気に入られようとする処世術でしょう。実際、このように決まった相手から好意を得るための行動を心理学では**迎合行動**※と呼びます。

ゴマすりには4つのタイプがあります。まずは冒頭の例のようにお世辞をいって相手をいい気分にさせる**賛辞**。自分の番で、ある程度いいショットを打っても「私なんてダメですよ。先ほどの部長のショットに比べれば」と自分にダメ出しして相手をもちあげる**卑下**《ひげ》。「いいパットだっただろ」という上司の言葉に対し「あの難しいラインをよく読めましたね」と相手の意見を認める**同調**。のどが渇くころを見はからって移動中に冷たい飲

迎合行動
特定の他者からの好意を得るための行動や言動を指し、社会的コミュニケーション方法のひとつ。「取り入り」とも呼ばれる。

みものを「どうぞ」と差しだす**親切**。

ゴマすりは、社会をうまくわたっていくための**コミュニケーションテクニック**です。上手に使いこなすことで自分の出世や意中の相手の気をひくことなどにも活用できるものです。

お世辞にはお世辞でやり返す

人は誰しもほめられれば悪い気がしません。しかし、あきらかに**見え透いたお世辞**には、苛立《いらだ》ちすらおぼえることがあるものです。そんな相手には**お世辞で返す**のがいいでしょう。

「いいサングラスですね」ときたら「君のはレイバン？　カッ

コいいね」。失敗パットに「いいパットでしたね」ときたら「君のさっきのショット、プロ並だったな」などと相手に対してあなたへのお世辞は有効でないことを気づかせてあげるのです。

最後にゴマすりで出世しようとする人への対抗手段もお教えします。冒頭の飛距離の出ていないときに「ナイスショットです」とゴマする横で、「いや、○○さんのいいときはこんなものじゃないですよね」と**相手のヨイショを無効化**しつつ、自分はその人についてより知っているふうにアピールして**印象アップにつなげる**のです。イザというときのゴマすりのためにも、普段からこまめな情報収集を心がけることをおすすめします。

手柄を独り占めにする上司にひと泡ふかせる裏ワザ

KEY WORD
イヤな上司の取り扱い方

自分の保身こそが一番大事

「新しい企画を考えてくれ」と部下からアイデアを募っておきながら、実際に企画を提案したところ、「話にならん！」ととりあってくれなかったり、けなしたりする上司に困っている人はいませんか。上司といわれる人のほとんどは**中間管理職**であり、その人もまた上司をもっています。こういう態度の人は**権威主義**※が多く、**さらに偉い上司の前では、自分をアピールすることに躍起になる**ものです。

このタイプの上司のお気に入りは、**仕事ができない部下**です。そうした好みの裏に隠れているのは**有能な部下に対する劣等感**であり、**いつか自分の地位が脅されるかもしれないという不安**が働いています。冒頭の例でも、新しい企画が社内で通ったり、成果が出たりしようものなら、いかにも自分がすべて指示したかのようにふるまい、手柄を独り占めすることもあります。

権威主義
権威や伝統、社会的に価値があるとされているものや考え方を、自分で良し悪しを考えることなく盲目的に受け入れること。また、その権威をたてにとって思考したり、行動したりする態度。

この人にとっては自分の保身こそが一番の関心事なので、部下の立場などはお構いなく自分の利益を最優先させます。

切り札は最後までとっておく

不運にもこういう上司をもってしまった場合、会社内の序列を考慮すれば、面と向かって対抗するのは難しいのが現実です。しかし、なんとか自分の評価を落とさずして、相手にひと泡ふかせてやりたいと思ってしまうのが人の心というものです。

そのためには、自分がその相手にとって必要な存在だということを印象づければいいのです。たとえば、企画書などを上司に見せるときには、**すべてを盛りこまず、核心となるところを隠しておきます**。上司が会議であなたの企画を自分のもののように披露しようとしても、肝心な部分を説明できなければ、上位の人たちの前で赤っ恥をかくことになるでしょう。となれば、その部分の説明はあなたに頼らざるをえません。そのときが来たら、「この企画の発案者として」などとうまく前置きして話を進めていけば、上司もあなたの存在を認めざるをえません。

どんな人でも上司は上司です。同じ部署にいるうちは、上手に取り入りながら、あなた自身を巧妙に周囲にアピールする方法をとるのが大人の対応といえるでしょう。

chapter 5
lecture
04

人に頼ってばかりの相手はひたすらホメてその気にさせる

KEY WORD
依存心の強い人への対処法

自分を守ってくれる人を優先

「ねえ、どうしたらいいかな」「ワタシ、決められない」が口グセの人を時々見かけます。最初は親身になって話を聞いてあげるのですが、だんだん依存度が激しくなってくると、相手をするのにもほとほと疲れてしまうものです。

大学の入学式や就職面接にすら親がついていくなど、日本の若者が自立できなくなっている風潮のなか、そういう人たちは確実に増えているようです。もし**依存心の強さが病的なレベルであれば、依存性人格障害**※**の疑いも否定できません**。

これは一種の**精神疾患**で、**自分の適応力や精神力に自信がなく**、この過酷な世界では「ひとりで生きていけない」と思いこみ、**母親、恋人などの親密な依存関係にしがみつきます**。また、頼りにしている他者に見捨てられたくないという不安から、自分の意見や価値観を主張することがありません。**自分の欲求より**

依存性人格障害
他人からつねに保護や保証を得ようとする依存的な性格構造のこと。自分が頼りにする相手に、何をするにもアドバイスや承認を求めてしまうなど「自分の人生に対する主体的責任」から逃れようとするのが特徴。

も他者の欲求を優先し、嫌なことでも進んでやろうとします。

このような疾患とまではいかなくても、依存性の高い人はごく身近に存在します。折にふれて守ってやるべき存在としての自分をアピールし、他人から愛情と保護を得ようと試みます。

ホメられることで自信がわく

このタイプの人が周囲にいても、自分に利害関係がなければ相手をしなければいいだけの話です。ところが、友人だったり、仕事仲間であったりした場合は、救いの手を差しのべてあげることを考えなければなりません。

依存心の強い人と接するコツは、答えを与えてあげることです。「2人から告白されて迷っている」とあなたが相談を受けるとしましょう。その場合、好きなほうを選べといっても相手は困るだけです。2人の性格を聞いて「すべてをリードしてくれるAさんを選んだら」などとアドバイスしてあげるのです。

依存性の高い人は、そのままではまともな社会生活を送るのは困難です。身近にいる人は、何かするたびに**相手の行動をほめるようにしてください**。ほめられれば**自尊心が高まり自分に自信がもてます**。そうして独力で決めることへの不安を取り除いてあげ、独り立ちできるように導いてあげるとよいでしょう。

あなたの世渡り上手度を診断!

ズルさ度検定

ここまで本書に目を通されたあなたなら、
世の中を上手に(ズルく)渡っていける術《すべ》を
しっかりと身につけているはず。
最後に「ズルさ度検定」に挑戦して、
自分の「本当の実力」と向き合ってみましょう。

good‥‥**5**点　**normal**‥‥**3**点　**bad**‥‥**1**点

親密度アップ力 check!

仲よくなりたい相手と食事に
いくことになりました。
そのとき、あなたの行動は？

A 相手と同じものを
注文する

B 腕組みして
相手の話を聞く

C 聞き役にまわり、
あいづちを打ちまくる

診断結果

good	bad	normal
A	B	C
5 point	1 point	3 point

Aと答えたあなたは5点。相手の行動・しぐさなどをまねることで好印象を得ることができます。会話中には相手のしぐさと自分のしぐさをシンクロさせるなど、さらに印象アップを目指しましょう。Bと答えたあなたは1点。腕組みは相手に対する「防御」のしぐさ。あなたが心を開かなければ、相手はリラックスして会話を楽しむことができません。Cと答えたあなたは3点。聞き役にまわって「同調」を示すあいづちを打つのは、「話を楽しんでくれているんだ」と相手も気持ちがよいもの。ただ過剰なあいづちは、反対に「きちんと聞いていないのではないか」と疑われる恐れもあるので要注意です。

会議コントロール力 check!

会議の主導権を握りたいと
考えたあなた。
自分の補佐役となってくれる
人をどこに座らせる?

A 自分のすぐ隣の席

B 全体が見渡せる
自分と正面の席

C 自分の左右にある
テーブルの
真ん中あたりの席

診断結果

normal	bad	good
A	B	C
3 point	1 point	5 point

Aと答えたあなたは3点。補佐役をリーダーの隣に座らせると会議がうまく進む傾向にあります。その際、ただのイエスマンを隣に置いたと思われるケースもあるので人選には注意が必要です。Bと答えたあなたは1点。会議において正面の席は、あなたと話し合いたいか反対意見をもつような人が座る「対立」の席です。ただ、会議を主導したいとき、あなたが会議の全体を見渡せる席を選ぶのは正解です。Cと答えたあなたは5点。通常、リーダーが全体を見渡せる席を選び、真ん中あたりの位置にリーダーの補佐役を置くと議事がスムーズに進行するといわれています。

口説き上手度 check!

意中の相手をそろそろ
モノにしたいと思ったあなた。
相手を口説くときに選ぶ
シチュエーションは?

A さわやかな朝の公園

B 月明かりの下で
ゆっくり散歩しながら

C 雰囲気のよい
レストランでランチ

診断結果

bad	good	normal
A	B	C
1 point	5 point	3 point

Aと答えたあなたは1点。一見、健全そうな交際ですが、男女の仲を深めるのに最適とはいえない時間帯です。Bと答えたあなたは5点。「ボディタイム」と呼ばれる、人の心と体のリズムは夕方以降に不調をきたしやすく、精神的に不安定な状態にあります。さらに暗闇は、羞恥心を取りさる効果もあるので、口説くのには絶好の時間帯です。Cと答えたあなたは3点。雰囲気のよいレストランでおいしい食事をとりながら会話をすれば、共にした人やそのときの会話なども後々まで快体験として残ります。ここでは、ランチではなくディナーに設定するとさらに◎。薄暗い雰囲気のなかでおいしい料理を楽しみながら口説くのがいいでしょう。

別れ方上手度 check!

今の恋人と「そろそろ潮時だな・・・」
と思ったとき。
アトクサレなく別れたいと
思ったあなたはどの方法をとる?

A 「ほかに好きな人ができた」と正直に告げる

B 「今抱えている仕事に集中したい」と告げる

C 何も告げずにひっそりと姿を消す

診断結果

normal	good	bad
A	B	C
3 point	5 point	1 point

Aと答えたあなたは3点。相手がキッパリ未練を捨てて、すぐに次の恋に移れる人であれば問題はありません。ただ、ストレートな理由だけに相手の自尊心を傷つけてしまうため、憎しみを増幅させてストーカーに変貌する可能性も。Bと答えたあなたは5点。「仕事に集中したい」という理由は相手に「自分のせいではないんだ」と思わせることができます。すると相手は別れる理由を自分のなかで「正当化」して受け入れやすくなるのです。Cと答えたあなたは1点。無責任で危険な別れ方です。相手への気づかいがないだけではなく、自分の評判も落とし、社会的にも受け入れがたい別れ方といえるでしょう。

あなたの「ズルさ度」診断

それぞれのテストの結果を合計して、
該当する点数の項目をご覧ください。

20点満点の人	あなたはかなりの世渡り上手です。孤高のズルとならぬよう、世のため、人のために上手に活用してください。
14〜18点の人	あなたのズルさはなかなかのものです。さらなるスキルアップをめざし、研鑽《けんさん》を重ね、出世や成功につなげましょう。
6〜12点の人	あなたはいわゆる普通の「いい人」です。もう少しズルさを学んで、自分の地位向上や恋人ゲットを目指しましょう。
6点未満の人	あなたはある意味とても「純粋」な人です。自分の欲望に対して正直な人といえるでしょう。世渡りについても学ぶことをおすすめします。

いかがでしたでしょうか。

「ズル」はある意味、処世術でもあります。

ある程度のズル賢さやしたたかさを

身につけていなければ、

世の中に幻滅してしまうことが結構あるものです。

そして、あなたはこの本を手にしただけでも、

すでにズルい資質は十分にあるのです。

＊

心理学を上手に活用することで

「自分の人生をよりよいものに変えるため」に、

ぜひ本書にくり返し目を通して、

実践を重ねてみてください。

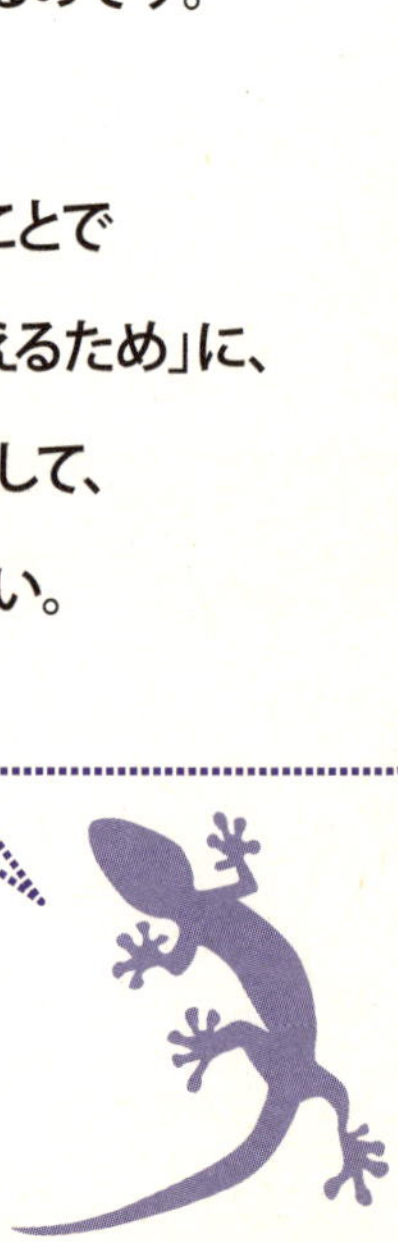

●監修者紹介●

渋谷 昌三 (しぶや しょうぞう)

1946年、神奈川県生まれ。学習院大学文学部を経て東京都立大学大学院博士課程修了。心理学専攻。文学博士。現在は目白大学教授。主な著書に『心理操作ができる本』『心理おもしろ実験ノート』(三笠書房)、『心理学雑学事典』(日本実業出版社)、『面白いほどよくわかる!心理学の本』『心理学がイッキにわかる本』(西東社)、『人を動かす心理学』(ダイヤモンド社)などがある。

staff

●編集・デザイン/フェルマータ
●本文執筆/岡田　久
●イラスト/タナカヒロ (フェルマータ)

参考文献:「面白いほどよくわかる!他人の心理学」(渋谷 昌三/西東社)/「面白いほどよくわかる!心理学の本」(渋谷 昌三/西東社)/「面白いほどよくわかる! 自分の心理学」(渋谷 昌三/西東社)/「心 理操作ができる本」(渋谷 昌三/ (渋谷 昌三/西東社))三笠書房/「本当の自分が見えてくる 心理学入門」(渋谷 昌三/かんき出版)/「バルタザール・グラシアンの 賢人の知恵 」(バルタザール・グラシアン 著/齋藤 慎子 訳/ディスカバー21)など

ズルい心理学

2014年7月10日　第1刷発行

監　修　渋谷昌三
発行者　中村　誠
印刷所　図書印刷株式会社
製本所　図書印刷株式会社
発行所　株式会社日本文芸社
〒101-8407　東京都千代田区神田神保町1-7
TEL.03-3294-8931[営業]、03-3294-8920[編集]
URL　http://www.nihonbungeisha.co.jp

Printed in Japan 112140626-112140626Ⓝ01
ISBN978-4-537-26085-4
（編集担当：菊原・上原）